LE LIVRE DE RECETTES DES ŒUFS FRAIS DU JOUR

PLUS DE 100 RECETTES FABULEUSES POUR UTILISER LES ŒUFS DE MANIÈRE INATTENDUE POUR VOUS ET VOTRE FAMILLE.

Emma Fournier

Tous les droits sont réservés.

Avertissement

Les informations contenues dans cet eBook sont destinées à servir de collection complète de stratégies sur lesquelles l'auteur de cet eBook a effectué des recherches. Les résumés, stratégies, trucs et astuces ne sont que des recommandations de l'auteur, et la lecture de cet eBook ne garantit pas que ses résultats refléteront exactement les résultats de l'auteur. L'auteur de l'eBook a fait tous les efforts raisonnables pour fournir des informations actuelles et précises aux lecteurs de l'eBook. L'auteur et ses associés ne sauraient être tenus responsables des erreurs ou omissions involontaires qui pourraient être constatées. Le contenu de l'eBook peut inclure des informations provenant de tiers. Les documents de tiers comprennent les opinions exprimées par leurs propriétaires. En tant que tel, l'auteur de l'eBook n'assume aucune responsabilité pour tout matériel ou opinion de tiers.

L'eBook est protégé par copyright © 2022 avec tous droits réservés. Il est illégal de redistribuer, copier ou créer des travaux dérivés de cet eBook en tout ou en partie. Aucune partie de ce rapport ne peut être reproduite ou retransmise sous quelque forme que ce soit reproduite ou retransmise sans l'autorisation écrite de l'auteur.

TABLE DES MATIÈRES

TABLE DES MATIÈRES 3

INTRODUCTION 7

RECETTES DE BASE D'ŒUFS FRAIS 8

    1. Oeufs durs 9
    2. Oeufs frits 11
    3. Œufs pochés 13
    4. Oeufs brouillés 15
    5. Omelettes 17
    6. Oeufs au micro-ondes 20
    7. Quiche 23
    8. Frittatas 25
    9. soufflés 28
    10. Crêpes 31
    11. Meringue 34
    12. Les oeufs marinés 36
    13. Pâte à biscuits de base 38

ŒUF FRAIS QUOTIDIEN 40

    14. Tomates farcies 41
    15. soufflé à la poêle espagnole 44
    16. Petit Déjeuner Aux Myrtilles 46
    17. Oeufs en Sauce 49
    18. Oeufs dans les nids 52
    19. Frittata avec feta et légumes verts 55
    20. Oeufs diaboliques piquants 58
    21. Crêpes à la citrouille garnies 61
    22. Pancakes aux carottes et pommes de terre 65
    23. Coupes de petit-déjeuner 68
    24. Frittata de légumes au fromage 71
    25. Bouchées de brownie aux haricots noirs 74
    26. Patates douces à la florentine 77
    27. Hauts de muffins aux carottes 80

28. Tartelettes miniatures aux noix de pécan 83
29. Gâteau aux cheveux au cacao 86
30. Gâteau au fromage au fromage cottage 88
31. Œufs farcis aux micro-pousses 91
32. Pancakes aux pousses de pois 93
33. Omelette aux Blancs d'Oeufs et Micropousses 96
34. Pinon (omelette de boeuf plantain) 98
35. Petits pains de riz portoricains 102
36. Farine de queso de Porto Rico 105
37. Pain de viande de Porto Rico 108
38. Avocat farci au poisson fumé 111
39. Œufs au four avec saumon fumé 114
40. Oeuf poché et saumon fumé 117
41. Jaunes d'œufs conservés 120
42. Oeufs saumurés 123
43. Oeufs sauce soja fumée 126
44. Oeufs marinés au curry 129
45. Œufs marinés à la betterave 132
46. Muffins au maïs avec dinde fumée 135
47. Saumon fumé aux galettes de pommes de terre 138
48. Saumon fumé au four et fromage feta 141
49. Cheesecake au saumon fumé 144
50. Scones au cheddar 147
51. Galettes de pommes de terre à la ciboulette 149
52. Pouding au maïs et à la dinde fumée 152
53. Tarte crémeuse au saumon fumé et à l'aneth 155
54. Latkes au saumon fumé 158
55. Pancakes à l'avoine et à l'érable 161
56. Frittata de bette à carde et quinoa 164
57. Œufs épicés au four avec fromage de chèvre 167
60. Omelette Champignons à l'Ail et Fromage 169
61. Lunes tendres aux pommes 172
62. Quatre-quarts pour diabétiques et à faible teneur en sodium 175
63. Cassonade – Glace aux pacanes 177
64. Gâteau étagé au citron meringué 180
65. Tarte à la crème au chocolat 183

66. Biscotti aux cerises et aux amandes 186
67. Cookies à l'avoine et aux pépites de chocolat 189
68. Tarte au pain de maïs à faible teneur en sodium 192
69. Gâteau soufflé au chocolat 195
70. Tacos du petit-déjeuner 198
71. Hachis barbecue 201
72. Frittata aux olives et herbes 204
73. Asperge Frittata 206
74. Toast aux fraises et aux amandes 208
75. Crêpes aux pépites de chocolat 210
76. Gaufres au chocolat et aux noix 212
77. Barres granola et cerises séchées 215
78. Muffins aux fruits et aux noix 217
79. Barres collation double citrouille 220
80. Pâte à pizza aux œufs 223
81. Omelette aux légumes 225
82. Muffins aux œufs 227
83. Oeufs brouillés au saumon fumé 229
85. Cuisson aux œufs 233
86. Frittata 236
87. Naan / Pancakes / Crêpes 238
88. Crêpes aux courgettes 240
89. Quiche 242
90. Boulettes de saucisses petit-déjeuner 244
91. Sandwichs à la saucisse pour le petit-déjeuner 246
92. crème pâtissière au piment rôti 249
93. Sandwichs à la saucisse pour le petit-déjeuner 252
94. Crêpes allemandes 254

BOISSONS AUX ŒUFS FRAIS **258**

96. Coquito 259
97. Amaretto Sour Classique 261
98. Cocktail Whisky Sour 263
99. Liqueur d'Oeuf Allemande 265
100. Café aux œufs vietnamien 268
101. Zabaglione 270

CONCLUSION **272**

INTRODUCTION

Nous savons tous que les œufs sont bons pour vous. Ils sont une excellente source de protéines et de nutriments essentiels et extrêmement polyvalents dans les nombreuses façons dont ils peuvent être préparés. La meilleure chose à propos des œufs cependant? Ils sont delicieux.

Dans ce livre, vous trouverez des techniques et des idées étape par étape pour vous assurer d'obtenir des œufs parfaits et délicieux à chaque fois. En apprenant quelques notions de base, vous pouvez préparer une large gamme de repas simples à préparer pour aussi peu ou autant de personnes que vous le souhaitez. Alors allez-y et Craquez !

RECETTES DE BASE D'ŒUFS FRAIS

1. Oeufs durs

les directions

a) Placez les œufs en une seule couche au fond de la casserole et couvrez d'eau froide. L'eau doit être d'environ 2,5 cm plus haut que les œufs. Couvrir la casserole et porter à ébullition à feu moyen-vif.
b) Lorsque l'eau commence à bouillir, retirer la casserole du feu et laisser reposer 18 à 23 minutes. Pour un jaune plus doux, réduisez le temps à 3 à 4 minutes, et à 11 à 12 minutes pour un jaune moyen.
c) Égouttez et faites immédiatement couler de l'eau froide sur les œufs jusqu'à ce qu'ils refroidissent ou retirez les œufs avec une écumoire et placez-les dans un bain de glace pour arrêter la cuisson.

2. Oeufs frits

Ingrédients

- Œufs
- Aérosol de cuisson, beurre ou huile
- Sel et poivre

les directions

a) Chauffer une poêle à feu moyen. Enduisez votre poêle avec un aérosol de cuisson (si vous utilisez une poêle ordinaire uniquement), du beurre ou de l'huile, selon vos préférences. Si vous utilisez du beurre, laissez suffisamment de temps pour qu'il fonde et si vous utilisez de l'huile, laissez-le chauffer pendant 30 secondes.

b) Cassez un œuf dans un bol (si vous faites frire plusieurs œufs, vous pouvez soit les casser chacun dans leur propre bol, soit réutiliser le même bol) et déposez doucement l'œuf dans la poêle. Assaisonner légèrement de sel et de poivre (facultatif).

c) Laissez l'œuf cuire jusqu'à ce que le blanc soit pris et que les bords commencent à s'enrouler, environ 3 à 4 minutes. Résistez à l'envie de faire des histoires - vos œufs seront meilleurs s'ils sont laissés seuls. Pour le côté ensoleillé, faites simplement glisser l'œuf sur une assiette. Pour les œufs trop faciles, trop moyens ou trop bien, passez à l'étape suivante.

d) Utilisez une spatule pour retourner délicatement l'œuf. Vous n'avez pas besoin de le mettre complètement sous l'œuf, mais assurez-vous qu'il est sous le jaune avant de le retourner. Cuire environ 30 secondes de plus pour trop facile, 1 minute pour trop moyen et une minute et demie

pour trop bien. Retourner une fois de plus et glisser sur une assiette.
3. Œufs pochés

Ingrédients

- Œufs
- L'eau
- Sel et poivre

les directions

a) Remplir une casserole avec 3 pouces (8 cm) d'eau et porter à ébullition. Pendant ce temps, cassez chaque œuf dans son propre petit bol pour qu'il soit prêt lorsque l'eau atteint la bonne température.

b) Lorsque l'eau arrive à ébullition, réduisez-la à un été doux. En tenant le bol juste au-dessus de l'eau frémissante, glissez délicatement l'œuf dans l'eau. Déposez le deuxième œuf de la même manière et essayez de garder une trace de l'ordre dans lequel ils sont entrés. Le premier œuf entré devrait être le premier œuf sorti. N'oubliez pas d'utiliser plus d'eau si vous faites cuire plus d'œufs afin que la température de l'eau ne baisse pas trop.

c) Sortez les œufs au bout de 3 minutes pour un poché moelleux ou laissez-les cuire 5 minutes pour un jaune plus solide. Retirer avec une écumoire et égoutter autant d'eau que possible. L'œuf doit osciller (mais juste un peu) lorsque vous déplacez la cuillère. Placez les œufs cuits sur une serviette en papier et assaisonnez avec du sel et du poivre (facultatif).

4. Oeufs brouillés

Ingrédients

- Œufs
- Lait
- Aérosol de cuisson ou beurre
- Sel et poivre (facultatif)

les directions

a) Pour préparer une seule portion d'œufs brouillés, casser 2 œufs dans un bol et incorporer 2 cuillères à soupe (30 ml) de lait. Assaisonnez avec du sel et du poivre, si vous le désirez.

b) Chauffer la poêle à feu moyen. Enduisez votre poêle avec un aérosol de cuisson (si vous utilisez une poêle ordinaire uniquement) ou du beurre selon vos préférences. Si vous utilisez du beurre, laissez suffisamment de temps pour qu'il fonde. Versez les œufs dans la poêle et réduisez le feu à moyen-doux.

c) Déplacez doucement les œufs avec une spatule, formant un caillé doux. Continuez à remuer jusqu'à ce qu'il n'y ait plus d'œuf liquide dans la casserole, mais avant que les œufs n'apparaissent secs.

d) Retirer immédiatement les œufs et l'assiette.

5. Omelettes

Ingrédients
- 2 oeufs
- 2 cuillères à soupe (30 ml) d'eau
- Aérosol de cuisson, beurre ou huile
- Garnitures désirées (ex: fromage, champignons, piments verts)
- Sel et poivre (facultatif)

les directions
a) À l'aide d'un fouet ou d'une fourchette, battre les œufs avec 2 cuillères à soupe (30 ml) d'eau. Assaisonner de sel et de poivre (facultatif). Assurez-vous de bien incorporer le jaune et le blanc.
b) Chauffer une poêle à feu moyen-vif. Enduisez votre poêle avec un aérosol de cuisson (si vous utilisez une poêle ordinaire uniquement), du beurre ou de l'huile, selon vos préférences. Si vous utilisez du beurre, laissez suffisamment de temps pour qu'il fonde et si vous utilisez de l'huile, laissez-le chauffer pendant 30 secondes.
c) Une fois la poêle chaude, verser le mélange. Au fur et à mesure que le mélange d'œufs prend autour du bord du moule, utilisez une spatule pour pousser doucement les portions cuites vers le centre du moule. Inclinez et faites pivoter la casserole pour permettre aux œufs non cuits de s'écouler dans les espaces vides. Lorsque la surface de l'œuf semble humide mais ne bouge pas lorsque la casserole est secouée, il est prêt à être rempli. Ajoutez votre garniture avec parcimonie - un peu suffit.
d) Pliez l'omelette en deux à l'aide d'une spatule et laissez légèrement dorer le dessous avant de le glisser sur une assiette. S'il vous reste de la garniture, versez le reste sur l'omelette.

6. Oeufs au micro-ondes

Ingrédients
- 1 oeuf
- Aérosol de cuisson, beurre ou huile
- Pincée de sel

les directions
a) Enduisez un récipient ou un ramequin allant au micro-ondes avec un aérosol de cuisson, du beurre ou de l'huile, selon vos préférences (si vous utilisez le cuiseur à œufs pour micro-ondes, aucun revêtement n'est nécessaire). Saupoudrer quelques grains de sel au fond du récipient. Le sel attire l'énergie des micro-ondes et aide à cuire l'œuf uniformément.

b) Cassez un œuf dans le récipient. Piquer le jaune et le blanc avec une fourchette 4 ou 5 fois (le perçage est nécessaire pour éviter qu'il explose pendant la cuisson).

c) Couvrir d'une pellicule de plastique, en retirant une petite zone pour la ventilation (si vous utilisez le cuiseur à œufs pour micro-ondes, placez le couvercle sur la base et tournez pour le fixer).

d) POUR LES ŒUFS À LA CUISSON MOLLE : Faites chauffer au micro-ondes à puissance élevée (puissance 100 %) pendant 30 secondes ou à puissance moyenne (puissance 50 %) pendant 50 secondes. Laisser reposer 30 secondes avant de retirer le film plastique ou le couvercle. S'il n'est toujours pas assez cuit, retournez l'œuf dans le récipient, couvrez et passez au micro-ondes pendant encore 10 secondes ou jusqu'à ce qu'il soit cuit comme vous le souhaitez.

e) POUR LES ŒUFS CUIT DUR : Faire chauffer au micro-ondes à puissance élevée (100 % de puissance) pendant 40 secondes. Laisser reposer 30 secondes avant de retirer le film plastique ou le couvercle. S'il n'est toujours pas assez cuit, retournez l'œuf dans le récipient, couvrez et passez au micro-ondes pendant encore 10 secondes ou jusqu'à ce qu'il soit cuit comme vous le souhaitez.

7. Quiche

Ingrédients
- 4 œufs
- Fond de tarte précuit
- Garnitures souhaitées
- 1 1/2 tasse (375 ml) de crème ou de lait
- Sel et poivre (facultatif)

les directions
a) Préchauffer le four à 350°F (180°C). Saupoudrez le fromage et toute autre garniture que vous souhaitez au fond de votre croûte à tarte.
b) Fouetter ensemble les œufs et la crème dans un bol jusqu'à ce qu'ils soient bien mélangés. Assaisonner de sel et de poivre (facultatif).
c) Verser délicatement le mélange dans le fond de tarte.
d) Cuire au four de 35 à 40 minutes ou jusqu'à ce que la garniture soit dorée. Pour vérifier la cuisson, plantez un couteau au centre de la quiche. S'il ressort propre, c'est fait ! Laisser reposer 10 minutes avant de servir.

8. Frittatas

Ingrédients
- 8 oeufs
- 1/2 tasse (125 ml) d'eau
- 1/8 cuillère à thé (0,5 ml) de sel
- 1/8 cuillères à thé (0,5 ml) de poivre
- Aérosol de cuisson, beurre ou huile
- 2 tasses (500 ml) de garniture Ingrédients (légumes hachés, viande, volaille, fruits de mer ou une combinaison)
- 1/2 tasse (125 ml) de fromage râpé
- Herbes fraîches ou séchées, au goût (facultatif)

les directions
a) Préchauffer le four à gril. Fouetter les œufs, l'eau, les herbes, le sel et le poivre dans un bol moyen. Mettre de côté.
b) Chauffer une poêle antiadhésive de 10 pouces (25 cm) allant au four à feu moyen. Enduisez la poêle avec un aérosol de cuisson (si vous utilisez une poêle ordinaire uniquement), du beurre ou de l'huile, selon votre préférence. Si vous utilisez du beurre, laissez suffisamment de temps pour qu'il fonde et si vous utilisez de l'huile, laissez-le chauffer pendant 30 secondes. Ajouter les ingrédients de la garniture, les faire sauter jusqu'à ce qu'ils soient complètement cuits, en remuant fréquemment.
c) Verser le mélange d'œufs. Au fur et à mesure que le mélange prend autour du bord de la poêle, soulevez doucement les portions cuites avec une spatule pour permettre à l'œuf non cuit de couler en dessous. Cuire jusqu'à ce que le fond soit pris et que le dessus soit presque pris, environ 8 à 10 minutes .
d) Saupoudrer de fromage sur le dessus. Placer la poêle sous le gril préchauffé pendant 2 ou 3 minutes pour faire fondre le fromage et gonfler la frittata ou couvrir avec un couvercle et cuire pendant quelques minutes sur la cuisinière.
e) Décoller le pourtour de la frittata avec un couteau. Couper en pointes et servir.

9. soufflés

Ingrédients
- 4 œufs
- 2 blancs d'œufs
- 2 cuillères à soupe (30 ml) de beurre
- 2 cuillères à soupe (30 ml) de farine tout usage
- 1/2 cuillère à thé (2,5 ml) de sel
- Pincée de poivre
- 3/4 tasse (175 ml) de lait (1 %)
- 1/4 cuillères à thé (1,25 ml) de crème de tartre

les directions

a) Préchauffer le four à 375°F (190°C). Faire fondre le beurre dans une casserole moyenne à feu doux. Incorporer la farine, le sel et le poivre. Cuire, en remuant constamment, jusqu'à ce que le mélange soit lisse et bouillonnant. Incorporer le lait petit à petit. Continuez à remuer jusqu'à ce que le mélange soit lisse et ait épaissi.

b) Séparez les 4 jaunes d'œufs en réservant 2 des blancs d'œufs. Bien battre les jaunes et ajouter 1/4 tasse (60 ml) du mélange de sauce chaude aux jaunes d'œufs.

c) Mélanger ce mélange de jaunes avec le reste de la sauce en mélangeant bien.

d) Battre les blancs d'œufs avec la crème de tartre dans un grand bol, jusqu'à ce qu'ils soient fermes mais pas secs.

e) Incorporer une partie des blancs d'œufs dans la sauce pour la rendre plus légère, puis doucement, mais soigneusement, incorporer la sauce aux blancs d'œufs restants.

f) Verser délicatement dans un moule à soufflé ou une cocotte de 4 tasses (1 L) légèrement graissé.

g) Cuire au four jusqu'à ce qu'ils soient gonflés et légèrement dorés, environ 20 à 25 minutes.

10. Crêpes

Ingrédients
4 œufs
1/2 cuillère à thé (2,5 ml) de sel
2 tasses (500 ml) de farine tout usage
2 tasses (500 ml) de lait
1/4 tasse (60 ml) d'huile végétale
Aérosol de cuisson ou beurre

les directions
a) Mélanger les œufs et le sel dans un bol moyen. Ajouter graduellement la farine en alternant avec le lait et en fouettant jusqu'à consistance lisse. Incorporer lentement l'huile. Vous pouvez également utiliser un mixeur pour cette étape. Mélanger tous les ingrédients jusqu'à consistance lisse, environ 1 minute. Réfrigérer la pâte pendant au moins 30 minutes pour permettre à la farine de se dilater et aux bulles d'air de s'effondrer. La pâte peut s'épaissir pendant ce temps, vous devrez peut-être la diluer en ajoutant un peu plus de lait ou d'eau. La pâte à crêpe doit avoir la consistance d'une crème épaisse.
b) Enduisez votre poêle à crêpes d'un peu d'aérosol de cuisson (si vous utilisez une poêle ordinaire uniquement) ou de beurre. Chauffer à feu moyen-élevé jusqu'à ce que les gouttelettes d'eau grésillent lorsqu'elles sont saupoudrées dans la poêle.
c) Remuer la pâte et verser environ 3 cuillères à soupe (45 ml) de pâte dans la poêle en une seule fois.
d) Inclinez et faites pivoter rapidement la poêle tout en la secouant doucement dans un mouvement circulaire pour recouvrir le fond de la poêle avec la pâte.

Cuire jusqu'à ce que le dessous de la crêpe soit légèrement doré, environ 45 secondes. Retourner la crêpe à la spatule et cuire encore 15 à 30 secondes. Transférer dans une assiette et répéter avec le reste de pâte. Ajoutez plus d'aérosol de cuisson ou de beurre dans la poêle si les crêpes commencent à coller.

11.   Meringue

Ingrédients
- 3 blancs d'œufs à température ambiante
- 1/4 c. à thé (1,25 ml) de crème de tartre ou de jus de citron
- 1/4 tasse (60 ml) de sucre granulé

les directions
a) Préchauffer le four à 425°F (220°C). Pour préparer une meringue de base, séparez les blancs d'œufs et placez-les dans un bol en verre ou en métal (les bols en plastique peuvent avoir un film gras qui empêche la formation de mousse). Séparez les œufs sans laisser de trace de jaune dans les blancs car la graisse du jaune empêchera les blancs de développer le volume souhaité.

b) Ajouter la crème de tartre et, à l'aide d'un batteur électrique, battre les blancs d'œufs jusqu'à consistance mousseuse. Ils devraient former ce qu'on appelle des pics mous. Les pics sont les « collines » qui se soulèvent lorsque vous retirez les batteurs de la mousse. Vous saurez que vos pointes sont douces lorsque les pointes tombent doucement.

c) Ajouter graduellement le sucre, 1 à 2 cuillères à soupe (15-30 ml) à la fois jusqu'à ce que tout soit incorporé et que les pics deviennent brillants. Continuez à battre jusqu'à ce que la mousse forme des pics fermes et que tout le sucre soit dissous. Pour vérifier si le sucre est dissous, frottez la meringue battue entre le pouce et l'index. S'il est granuleux, battez les œufs quelques secondes de plus jusqu'à ce qu'ils soient lisses.

d) Empilez votre meringue sur votre garniture chaude et faites cuire environ 4 ou 5 minutes - juste assez pour dorer doucement les pics.

12.   Les oeufs marinés

Ingrédients
- 12 oeufs durs
- 1 tasse (250 ml) d'eau
- 1 tasse (250 ml) de vinaigre blanc
- 1 cuillères à soupe (15 ml) de sucre granulé
- 1 cuillère à thé (5 ml) de sel
- 2 cuillères à thé (10 ml) d'épices à marinade

les directions
a) Dans une petite casserole à feu vif, mélanger l'eau, le vinaigre, le sucre, le sel et les épices à marinade. Porter à ébullition en remuant fréquemment jusqu'à ce que le sucre se dissolve. Réduire le feu à doux et laisser mijoter pendant 10 minutes.

b) En vous assurant qu'ils sont complètement refroidis, écalez les œufs durs et placez-les dans le bocal. Découvrez comment faire des œufs durs parfaits à la p.4.

c) Versez le liquide de marinade chaud dans le bocal, directement sur les œufs. Vous pouvez filtrer les épices à mariner à cette étape, mais les ingrédients non filtrés permettent une belle présentation.

d) Réfrigérer au moins 2 jours avant utilisation.

13. Pâte à biscuits de base

Ingrédients

- 2 1/4 tasses (550 ml) de farine tout usage
- 1 cuillère à thé (5 ml) de bicarbonate de soude
- 1/4 cuillère à thé (1,25 ml) de sel
- 3/4 tasse (175 ml) de beurre, à température ambiante
- 3/4 tasse (175 ml) de sucre granulé
- 3/4 tasse (175 ml) de cassonade tassée
- 2 oeufs
- 1 cuillère à thé (5 ml) de vanille

les directions

a) Préchauffer le four à 350°F (180°C) et tapisser vos plaques de cuisson de papier parchemin ou de tapis en silicone. Mélanger la farine, le bicarbonate de soude et le sel dans un bol moyen.

b) Battre le beurre et les sucres granulés et bruns avec un batteur électrique dans un grand bol jusqu'à consistance lisse et mousseuse. Ajouter les œufs et la vanille et battre jusqu'à ce que le tout soit bien mélangé. Ajouter le mélange de farine et battre jusqu'à consistance homogène.

c) Déposer une cuillerée à soupe de pâte à environ 2 pouces (5 cm) d'intervalle sur les plaques à pâtisserie préparées. Cuire jusqu'à ce que les biscuits perdent leur aspect brillant, environ 9 minutes. Laisser refroidir les biscuits sur les plaques à pâtisserie pendant 1 minute avant de les transférer sur une grille pour refroidir complètement.

ŒUF FRAIS QUOTIDIEN

14.   Tomates farcies

Ingrédients:

- 8 petites tomates ou 3 grosses
- 4 œufs durs, refroidis et écalés
- 6 cuillères à soupe d'aïoli ou de mayonnaise
- Sel et poivre
- 1 cuillère à soupe de persil, haché
- 1 cuillère à soupe de chapelure blanche, si vous utilisez de grosses tomates

les directions:

a) Plonger les tomates dans une bassine d'eau glacée ou très froide après les avoir épluchées dans une casserole d'eau bouillante pendant 10 secondes.

b) Coupez le chapeau des tomates. À l'aide d'une cuillère à café ou d'un petit couteau bien aiguisé, grattez les graines et l'intérieur.

c) Écrasez les œufs avec l'aïoli (ou la mayonnaise, le cas échéant), le sel, le poivre et le persil dans un bol à mélanger.

d) Farcir les tomates avec la garniture en les pressant fermement. Replacez les couvercles à un angle désinvolte sur les petites tomates.

e) Remplissez les tomates jusqu'en haut, en appuyant fermement jusqu'à ce qu'elles soient de niveau. Réfrigérer pendant 1 heure avant de couper en rondelles à l'aide d'un couteau à découper bien aiguisé.

f) Garnir de persil.

15. soufflé à la poêle espagnole

Portions : 1

Ingrédient

- 1 boîte de riz brun rapide espagnol
- 4 œufs
- 4 onces de piments verts hachés
- 1 tasse d'eau
- 1 tasse de fromage râpé

les directions:

a) Suivez les instructions d'emballage pour la cuisson du contenu de la boîte.

b) Lorsque le riz est cuit, incorporer le reste des ingrédients, à l'exception du fromage.

c) Garnir de fromage râpé et cuire au four à 325°F pendant 30-35 minutes.

16.   Petit Déjeuner Aux Myrtilles

Rendement : 6 portions

Ingrédients:

- 6 tranches de pain de blé entier, rassis ou desséché
- 2 œufs, battus
- 1 tasse de lait sans gras
- 1/4 tasse de cassonade, divisée
- Le zeste de 1 citron, divisé
- 2 cuillères à café de cannelle, divisées
- 2 1/2 tasses de bleuets, divisés

les directions:

a) Préchauffer le four à 350 degrés Fahrenheit. À l'aide d'un aérosol de cuisson, graisser un moule à muffins de 12 tasses.

b) Cubez le pain et mettez-le de côté. Fouetter ensemble les œufs, le lait et le sucre dans un grand bol à mélanger.

c) Ajouter 2 cuillères à soupe de cassonade, 1/2 cuillère à café de cannelle et 1/2 zeste de citron

d) Mélanger le pain et 1 1/2 tasse de myrtilles dans le mélange d'œufs et fouetter jusqu'à ce que le liquide soit presque absorbé. Remplissez les moules à muffins à moitié avec la pâte.

e) Mélanger 1 cuillère à soupe de cassonade et 1 cuillère à café de cannelle dans un petit bol. Sur les coupes de pain doré, saupoudrez la garniture. Cuire pendant 20 à 22 minutes ou jusqu'à ce que le dessus soit doré et que le pain doré soit cuit.

f) Pendant ce temps, mettez la tasse de myrtilles restante, le zeste de citron et 1 cuillère à soupe de cassonade dans une petite casserole et faites cuire à feu moyen-doux pendant 8 à 10 minutes ou jusqu'à ce que le liquide soit libéré.

g) Écrasez les myrtilles à l'aide d'un pilon à pommes de terre jusqu'à ce qu'elles aient la consistance requise.

h) Utilisez le mélange de bleuets comme sirop pour arroser le pain doré cuit.

17. Oeufs en Sauce

Rendement : 4 portions

Ingrédients:

- 1 cuillère à soupe d'huile d'olive
- 1/2 oignon jaune, coupé en dés
- 1 cuillère à soupe de pâte de tomate
- 3 cuillères à café de paprika
- 3 gousses d'ail, hachées
- 4 tranches de poivron rouge rôti, coupé en dés
- 1 boîte de 28 onces de tomates concassées à faible teneur en sodium
- 1/8 cuillère à café de sel
- 3 tasses d'épinards frais
- 1/4 tasse de persil frais, haché
- 4 gros œufs
- 2 pitas de blé entier, grillés

les directions:

a) Dans une grande poêle antiadhésive, chauffer l'huile à feu moyen.

b) Ajouter les oignons et laisser mijoter pendant 2 minutes, ou jusqu'à ce qu'ils aient légèrement ramolli. Cuire 30 secondes après avoir ajouté la pâte de tomate, le paprika et l'ail.

c) Ajouter les poivrons, les tomates et les assaisonnements. Réduire le feu à doux après avoir porté à ébullition.

d) Cuire, en remuant de temps en temps, pendant 30 minutes.

e) Ajouter les épinards et la moitié du persil et remuer pour combiner. Faire quatre puits dans le mélange de tomates à l'aide d'une cuillère en bois. Cassez un œuf dans chacun des quatre puits, couvrez et faites cuire pendant 8 minutes ou jusqu'à ce que les blancs d'œufs soient pris.

f) Comme touche finale, saupoudrer le persil restant sur le dessus. Servir avec du pain pita pour tremper.

18. Oeufs dans les nids

Rendement : 6 portions

Ingrédients:

- 1 livre de patates douces, pelées
- 2 cuillères à soupe d'huile d'olive
- 1/4 cuillère à café de sel, divisé
- 1/4 cuillère à café de poivre noir, divisé
- 12 gros oeufs

les directions:

a) Préchauffer le four à 400 degrés Fahrenheit.

b) À l'aide d'un aérosol de cuisson, enduire un moule à muffins de 12 tasses.

c) À l'aide d'une râpe à boîte, râper les pommes de terre et réserver. Dans une grande poêle, chauffer l'huile d'olive à feu moyen-vif. 1/8 cuillère à café de sel, 1/8 cuillère à café de poivre, patates douces en dés

d) Cuire les pommes de terre jusqu'à ce qu'elles soient tendres, environ 5-6 minutes. Retirer du feu et réserver jusqu'à ce qu'il soit suffisamment froid pour être manipulé.

e) Dans chaque moule à muffins, presser 1/4 tasse de pommes de terre cuites. Dans le fond et les côtés du moule à muffins, appuyez fermement.

f) Enduire les pommes de terre d'enduit à cuisson et cuire au four pendant 5 à 10 minutes, ou jusqu'à ce que les côtés soient légèrement dorés.

g) Dans chaque nid de patates douces, cassez un œuf et assaisonnez avec le 1/8 de cuillère à café de sel et 1/8 de cuillère à café de poivre restants.

h) Cuire au four de 15 à 18 minutes ou jusqu'à ce que les blancs et les jaunes d'œufs soient cuits à la cuisson désirée.

i) Laisser refroidir 5 minutes avant de démouler. Servez et amusez-vous !

19.   Frittata avec feta et légumes verts

Rendement : 8 portions

Ingrédients:

- 1 cuillère à soupe d'huile d'olive
- 1 petit oignon jaune, coupé en dés
- 2 gousses d'ail, hachées
- 4 tasses de bettes à carde, coupées en rubans
- 8 gros œufs
- 1/4 cuillère à café de poivre noir
- 1/2 tasse de fromage feta réduit en gras, émietté
- 2 cuillères à soupe de persil frais, haché

les directions:

a) Préchauffer le four à 350 degrés Fahrenheit.

b) À feu moyen-élevé, chauffer une grande poêle allant au four. Faire revenir l'oignon pendant 3-4 minutes, ou jusqu'à ce qu'il soit ramolli.

c) Cuire encore 3-4 minutes, ou jusqu'à ce que la bette à carde soit flétrie.

d) Pendant ce temps, fouetter ensemble les œufs et le poivre noir dans un grand bol à mélanger.

e) Mélanger le mélange de légumes verts et d'oignons avec les œufs dans un bol à mélanger. Mélanger le fromage feta dans le mélange d'œufs.

f) Remettre le mélange d'œufs dans la poêle allant au four, en remuant pour empêcher la frittata de coller.

g) Préchauffer le four à 350 ° F et cuire la poêle pendant 15 à 18 minutes ou jusqu'à ce que les œufs soient pris.

h) Sortir du four, saupoudrer de persil haché et laisser reposer 5 minutes avant de couper en 8 portions. Servez et amusez-vous !

20. Oeufs diaboliques piquants

Rendement : 6 portions

Ingrédients:

- 6 gros oeufs
- 1 avocat, coupé en deux et épépiné
- 1/3 tasse de yogourt grec nature sans gras
- Zeste et jus de 1 citron
- 1 cuillère à soupe de moutarde de Dijon
- 1/4 cuillère à café de poivre noir
- 1 cuillère à soupe de ciboulette hachée

les directions:

a) Dans une grande casserole, cassez les œufs et couvrez-les d'eau froide.

b) Porter à ébullition, puis retirer du feu. Laisser 15 minutes pour que les œufs trempent dans l'eau de la casserole.

c) Retirez les œufs et mettez-les de côté pour qu'ils refroidissent. Écalez et coupez les œufs en deux dans le sens de la longueur.

d) Dans un robot culinaire, mélanger 3 jaunes d'œufs. Conservez les jaunes d'œufs restants pour un autre usage ou jetez-les.

e) Dans un robot culinaire, mélanger l'avocat, le yogourt grec, le zeste et le jus de citron, la moutarde de Dijon et le poivre noir avec les jaunes d'œufs. Mélangez le tout jusqu'à ce que ce soit complètement lisse.

f) Placer les blancs d'œufs sur un plat de service et placer le mélange de jaunes d'œufs dans un sac à fermeture éclair. Pressez le mélange de jaunes d'œufs dans les blancs d'œufs en coupant l'un des coins inférieurs.

g) Parsemez de ciboulette ciselée sur les œufs farcis. Servez et amusez-vous !

21. Crêpes à la citrouille garnies

Rendement : 12 portions

Ingrédients:

- 1 1/2 tasse de lait sans gras
- 1 tasse de purée de citrouille en conserve
- 1 oeuf
- 5 cuillères à soupe de cassonade, divisée
- 2 cuillères à soupe d'huile végétale
- 1 cuillère à café d'extrait de vanille
- 1 tasse de farine de blé entier
- 1 tasse de farine tout usage
- 2 cuillères à soupe de levure chimique
- 1 1/2 cuillères à café de cannelle, divisée
- 1 cuillère à café de piment
- 1/2 cuillère à café de muscade
- 1/4 cuillère à café de sel
- 3 pommes, pelées et coupées en dés

les directions:

a) Mélanger le lait, la citrouille, l'œuf, 3 cuillères à soupe de cassonade, l'huile et la vanille dans un grand bassin à mélanger.

b) Mélanger la farine de blé, la farine tout usage, la poudre à pâte, 1 cuillère à café de cannelle, le piment de la Jamaïque, la muscade et le sel dans un bassin séparé.

c) Incorporer le mélange de citrouille dans les ingrédients secs : jusqu'à ce qu'il soit juste incorporé, en faisant attention de ne pas trop mélanger.

d) Dans une petite casserole, chauffer 3 cuillères à soupe d'eau à feu moyen. Mélanger les pommes coupées en dés avec les 2 cuillères à soupe restantes de cassonade et 1/2 cuillère à café de cannelle. Chauffer pendant 8 à 12 minutes ou jusqu'à ce que les pommes soient tendres.

e) Retirer les pommes du feu et les écraser avec un pilon à pommes de terre ou une fourchette jusqu'à ce qu'une compote de pommes épaisse se forme. Retirer de l'équation.

f) Entre-temps, vaporisez une poêle antiadhésive ou une plaque chauffante d'un aérosol de cuisson et chauffez à feu moyen-vif.

g) Verser 1/4 tasse de pâte à crêpes par crêpe sur une poêle ou une plaque chauffante préparée.

h) Les crêpes doivent être cuites pendant 2 à 3 minutes de chaque côté ou jusqu'à ce qu'elles soient dorées.

i) Servir avec le mélange de compote de pommes sur le dessus et déguster!

22. Pancakes aux carottes et pommes de terre

Rendement : 6 portions

Ingrédients:

- 2 grosses pommes de terre Russet, pelées
- 2 grosses carottes, pelées
- 1 petit oignon jaune, pelé
- 4 blancs d'oeufs, battus
- 3 cuillères à soupe de farine tout usage
- 1 cuillère à café de levure chimique
- Aérosol de cuisson antiadhésif
- 3/4 tasse de compote de pommes non sucrée, facultatif

les directions:

a) À l'aide du grand côté d'une râpe, râpez les pommes de terre épluchées, les carottes et l'oignon.

b) Essorez l'excès d'eau des légumes râpés à l'aide d'une serviette en papier au-dessus de l'évier.

c) Dans un grand saladier, mélangez les légumes égouttés.

d) Mélanger le mélange de pommes de terre avec les blancs d'œufs battus.

e) Mélanger la farine, la levure chimique et le sel avec le mélange de pommes de terre.

f) Vaporiser une poêle antiadhésive avec un aérosol de cuisson et chauffer à feu moyen.

g) Déposer 1/4 tasse de boules de mélange de pommes de terre sur la plaque chauffante, en laissant un espace de 1 pouce entre chaque crêpe. 3 minutes au four

h) Retourner et cuire 3 minutes de plus de l'autre côté, ou jusqu'à ce qu'ils soient dorés. Répéter avec le reste du mélange de pommes de terre.

i) Servir.

23. Coupes de petit-déjeuner

Portions : 12

Ingrédients:

- Aérosol de cuisson
- 3 tasses de pommes de terre rissolées surgelées, décongelées
- 5 tranches de bacon de dinde
- 1 tasse de substitut d'œuf à faible teneur en cholestérol
- 1 tasse de fromage cheddar râpé faible en gras
- 3 cuillères à soupe de margarine sans gras
- ¼ tasse d'oignon haché
- ¼ tasse de poivron haché poivre noir

les directions

a) Préchauffer le four à 400 degrés Fahrenheit. Laissez les pommes de terre rissolées revenir à température ambiante avant de les utiliser. Préparez un moule à muffins avec un aérosol de cuisson.

b) Préparez le bacon. Laisser refroidir avant de servir.

c) Mélanger les pommes de terre rissolées, le sel et le poivre ensemble. 12 moules à muffins, répartis uniformément

d) Cuire au four pendant 15 minutes à 400 degrés ou jusqu'à ce qu'ils soient légèrement dorés. Sortir le plat du four.

e) Pendant ce temps, fouetter ensemble les œufs, le fromage, les oignons et le poivron.

f) Couper le bacon et le déposer sur le mélange de pommes de terre rissolées dans des moules à muffins.

g) Verser uniformément le mélange d'œufs dans les moules à muffins. Préchauffer le four à 350°F et cuire 13 à 15 minutes. Servir.

24.   Frittata de légumes au fromage

Portions : 6

Ingrédients:

- 6 gros oeufs
- 2 cuillères à soupe de farine de blé entier
- 1 cuillère à café de poivre noir
- 1 oignon moyen, coupé en morceaux de ½ pouce
- 1 tasse d'épinards frais ou surgelés, coupés en morceaux de ½ pouce
- 1 tasse de poivron rouge et/ou vert, coupé en morceaux de pouce-pouce
- 1 tasse de champignons frais, tranchés
- 1 gousse d'ail, hachée finement
- 2 cuillères à soupe de feuilles de basilic frais
- Partie de tasse de fromage mozzarella partiellement écrémé, râpé
- Aérosol de cuisson

les directions

a) Préchauffer le four (four traditionnel ou grille-pain) à broil.

b) Dans un grand saladier, battre les œufs jusqu'à consistance mousseuse, puis ajouter la farine de blé entier, le poivre noir et la levure chimique.

c) Enduisez une poêle épaisse avec une poignée allant au four d'un aérosol de cuisson et faites chauffer à feu moyen.

d) Ajouter l'oignon et faire sauter jusqu'à ce qu'il soit ramolli, puis ajouter les épinards, le poivron et les champignons et continuer à mijoter pendant encore 2-3 minutes.

e) Cuire 1 minute après avoir ajouté l'ail et le basilic. Pour éviter que les choses ne brûlent, remuez-les constamment.

f) Verser le mélange d'œufs dans la casserole et remuer pour inclure les légumes.

g) Cuire pendant 5 à 6 minutes ou jusqu'à ce que le mélange d'œufs ait pris au fond et commence à prendre sur le dessus.

h) Ajouter le fromage râpé et le pousser délicatement sous les œufs avec le dos de la cuillère pour qu'il ne brûle pas au four.

i) Préchauffer le four à broil et cuire pendant 3 à 4 minutes, ou jusqu'à ce qu'ils soient dorés et mousseux.

j) Retirer de la poêle et couper en 6 portions.

25.   Bouchées de brownie aux haricots noirs

Rendement : 16 portions

Ingrédients:

- 3/4 tasse de haricots noirs à faible teneur en sodium, égouttés
- 1/4 tasse de compote de pommes non sucrée
- 1/4 tasse d'huile de colza
- 2 gros blancs d'œufs
- 1 œuf large
- 1/2 tasse de cassonade tassée
- 1 cuillère à café d'extrait de vanille
- 1/4 tasse de cacao en poudre non sucré
- 1/3 tasse de farine de blé entier
- 1/2 cuillère à café de levure chimique
- 1/2 cuillère à café de sel
- 1/2 tasse de pépites de chocolat mi-sucré

les directions:

a) Préchauffer le four à 350 degrés Fahrenheit.

b) Mélanger les haricots noirs, la compote de pommes et l'huile de canola jusqu'à consistance lisse dans un mélangeur. Ajouter les blancs d'œufs, l'œuf, le sucre et la vanille dans un grand bol à mélanger et fouetter pour incorporer.

c) Mélangez la poudre de cacao, la farine, la levure chimique et le sel dans un récipient séparé.

d) Fouetter le mélange de farine dans le mélange de haricots noirs jusqu'à ce que la pâte soit lisse. Les morceaux de chocolat doivent être pliés.

e) Préchauffer le four à 350°F et cuire pendant 20-25 minutes, ou jusqu'à ce qu'un couteau inséré au centre en ressorte propre.

f) Laissez-le refroidir complètement avant de le couper en 16 bouchées et de le servir !

26.   Patates douces à la florentine

Rendement : 4 portions

Ingrédients:

- 4 patates douces moyennes
- 2 paquets de 10 onces d'épinards
- 1 cuillère à soupe d'huile d'olive
- 1 échalote, hachée
- 2 gousses d'ail, hachées
- 6 tomates séchées au soleil, coupées en dés
- 1/4 cuillère à café de sel
- 1/4 cuillère à café de poivre noir
- 1/4 cuillère à café de flocons de piment rouge
- 1/2 tasse de fromage ricotta partiellement écrémé

les directions:

a) Préchauffer le four à 400 degrés Fahrenheit.

b) Placer les patates douces sur une plaque à pâtisserie préparée après les avoir piquées avec une fourchette.

c) Cuire au four de 45 à 60 minutes ou jusqu'à ce que les pommes de terre soient cuites. Prévoyez du temps pour le refroidissement.

d) Fendre les pommes de terre au milieu avec un couteau et égrainer la chair des pommes de terre avec une fourchette, puis réserver.

e) Dans une grande sauteuse, faire chauffer l'huile à feu moyen. Cuire pendant 2-3 minutes, ou jusqu'à ce que les échalotes soient ramollies.

f) Cuire encore 30 secondes ou jusqu'à ce que l'ail soit aromatique.

g) Dans un grand bol à mélanger, mélanger les épinards égouttés, les tomates, le sel, le poivre noir et les flocons de piment rouge. Cuire encore 2 minutes.

h) Retirer du feu et laisser refroidir.

i) Incorporer le fromage ricotta au mélange d'épinards.

j) Servir le mélange d'épinards sur les patates douces divisées. Prendre plaisir!

27.   Hauts de muffins aux carottes

Rendement : 24 portions

Ingrédients:

- 2 1/4 tasses d'avoine à l'ancienne
- 1 tasse de farine de blé entier
- 1/2 tasse de graines de lin moulues
- 2 cuillères à café de cannelle
- 1/2 cuillère à café de muscade
- 1/2 cuillère à café de bicarbonate de soude
- 1/2 cuillère à café de sel
- 1 tasse de compote de pommes non sucrée
- 1/2 tasse de miel ou de sirop d'érable pur
- 1 œuf large
- 2 cuillères à café d'extrait de vanille
- 1/4 tasse de beurre non salé, fondu
- 2 carottes moyennes, râpées
- 1 grosse pomme, râpée

les directions:

a) Préchauffer le four à 350 degrés Fahrenheit.

b) Tapisser deux moules à cake de papier sulfurisé.

c) Mélanger l'avoine, la farine, les graines de lin, la cannelle, la muscade, le bicarbonate de soude et le sel dans un grand plat à mélanger.

d) Mélanger la compote de pommes, le miel, l'œuf et l'extrait de vanille dans un bassin de mélange moyen. Faire fondre le beurre et l'ajouter au mélange.

e) Combinez les composants humides et secs en les mélangeant. Dans un grand bol à mélanger, mélanger les carottes râpées et la pomme.

f) Verser la pâte sur la plaque à pâtisserie préparée et aplatir avec une mesure de 1/4 tasse.

g) Cuire au four de 14 à 15 minutes ou jusqu'à ce qu'ils soient légèrement dorés et pris. Laisser refroidir avant de servir.

28.   Tartelettes miniatures aux noix de pécan

Rendement : 15 portions

Ingrédients:

- 1 cuillère à soupe de beurre, fondu
- 1 œuf large
- 4 cuillères à café de cassonade
- 2 cuillères à soupe de miel
- 1/4 cuillère à café d'extrait de vanille
- 1/2 tasse de pacanes, hachées
- 15 mini coquilles phyllo

les directions:

a) Préchauffer le four à 350 degrés Fahrenheit.

b) Dans un bassin de mélange moyen, ajouter tous les ingrédients, à l'exception des noix de pécan et des coquilles phyllo, et bien mélanger. Ajouter les noix de pécan hachées et bien mélanger.

c) Déposer les petits fonds de tarte sur une plaque à pâtisserie en une couche uniforme. Remplir chaque coquille à moitié avec le mélange de noix de pécan. S'il reste du mélange, répartissez-le uniformément sur toutes les coquilles.

d) Cuire au four pendant 10-15 minutes. Laisser refroidir avant de servir.

29. Gâteau aux cheveux au cacao

Portions : 12

Ingrédients:

- Farine tasse de farine, tamisée
- ¼ tasse de cacao
- ¼ tasse) de sucre
- 10 blancs d'œufs
- 1 cuillère à café de crème de tartre
- 1 tasse de sucre

les directions

a) Préchauffer le four à 350 degrés Fahrenheit.

b) Tamisez ensemble la farine, le cacao et 14 tasses de sucre.

c) Fouetter les blancs d'œufs dans un bol séparé jusqu'à ce qu'ils soient mousseux. Fouetter la crème de tartre jusqu'à ce qu'elle soit ferme mais pas sèche. 1 cuillère à soupe à la fois, incorporer la tasse de sucre.

d) Incorporer l'extrait de vanille. Incorporer une petite quantité du mélange de farine tamisé sur la pâte. Répétez jusqu'à ce que tout le mélange de farine ait été utilisé.

e) Verser la pâte dans un moule à cheminée de 9 pouces non huilé et cuire au four pendant 45 minutes.

f) Pour refroidir, retournez le moule et suspendez le gâteau à l'envers pendant environ 12 heures après l'avoir sorti du four.

30. Gâteau au fromage au fromage cottage

Portions : 8

Ingrédients pour la croûte

- ¼ tasse de margarine dure
- 1 tasse de chapelure de biscuits Graham faible en gras
- 2 cuillères à soupe de sucre blanc
- ¼ cuillère à soupe de cannelle

Ingrédients pour le gâteau

- 2 tasses de fromage cottage faible en gras, réduit en purée
- 2 oeufs
- 3 cuillères à soupe de farine tout usage
- 1 cuillère à café d'extrait de vanille
- Blanc tasse de sucre blanc OU ⅓ tasse de mélange de sucre

les directions

a) Préchauffer le four à 325 degrés Fahrenheit.

b) Faire fondre le beurre. Mélanger la chapelure de biscuits Graham, le sucre et la cannelle dans un bol à mélanger. Remplir à moitié un moule à charnière de 10 pouces avec la pâte.

c) Mélanger le fromage cottage dans un robot culinaire.

d) Incorporer le lait, les œufs, la farine, la vanille et le sucre jusqu'à ce que le tout soit bien mélangé. Verser le mélange dans la croûte à tarte.

e) Cuire 60 minutes au four. Laisser refroidir complètement avant de servir.

31.   Œufs farcis aux micro-pousses

PORTIONS 9

Ingrédients

- 9 œufs
- 1/4 tasse de mayonnaise
- 2 cuillères à soupe de tofu mou
- pincée de sel
- 2 cuillères à soupe de micropousses de radis hachées
- 3 cuillères à café de moutarde préparée
- 2 tranches de radis frais facultatif

les directions

- Faire bouillir les œufs durs jusqu'à ce qu'ils soient juste cuits - 9-11 minutes
- Écalez les œufs et coupez-les soigneusement en deux.
- Retirez les centres jaunes et placez-les dans un petit bol. Ajouter le reste des ingrédients (moins les radis tranchés) et bien mélanger.
- Remettez la garniture dans les œufs et recouvrez d'une tranche de radis frais et de quelques brins de micro-pousses.

32.   Pancakes aux pousses de pois

Ingrédients

- 3 gros œufs bio
- 1 tasse de fromage cottage
- 2 cuillères à soupe d'huile d'olive extra vierge
- 1/2 tasse de farine de pois chiches (garbanzo)
- 1 gousse d'ail, hachée
- 2 cuillères à café de zeste de citron
- 1/2 cuillère à café de sel
- 1 tasse de pousses de pois hachées
- 3 cuillères à soupe de ciboulette hachée

les directions

a) Au robot culinaire ou au mélangeur, mélanger les œufs, le fromage cottage, l'huile, la farine, l'ail, le zeste de citron et le sel. Incorporer les pousses de pois et la ciboulette.

b) Chauffer une poêle légèrement graissée à feu moyen.

c) En travaillant par lots, ajouter la pâte 1/4 tasse à la fois dans la casserole et cuire les crêpes jusqu'à ce que des bulles se forment sur le dessus, environ 2 à 3 minutes.

d) Retourner et cuire jusqu'à ce que les crêpes soient dorées sur le fond et que les centres soient juste cuits, environ 1 minute de plus.

e) Laisser refroidir les pancakes sur une grille en métal pendant que vous préparez le reste de la pâte.

33. Omelette aux Blancs d'Oeufs et Micropousses

Ingrédients

- 2 blancs d'œufs
- Pincée de sel et de poivre
- 2 cuillères à café de lait
- Aérosol de cuisson

les directions

a) Fouetter ensemble deux blancs d'œufs et 2 cuillères à café de lait.

b) Ajouter le mélange dans une poêle avec une légère couche d'aérosol de cuisson et les faire cuire à feu moyen à doux.

c) Salez et poivrez l'œuf pendant la cuisson, retournez l'œuf lorsque le dessous semble cuit.

d) Une fois l'autre côté cuit, transférez-le dans une assiette, remplissez-le d'avocat tranché, de fromage de chèvre émietté et de quelques micro-pousses fraîches et pliez-le en deux.

34. Pinon (omelette de boeuf plantain)

Rendement : 4 portions

Ingrédient

- 3 plantains bien mûrs
- huile de friture
- 1 oignon ; haché
- ½ poivron vert; haché
- 2 gousses d'ail
- ½ livre de boeuf haché (j'omets habituellement)
- ¼ tasse de sauce tomate
- 1 cuillère à soupe de câpres
- 1 cuillère à soupe d'olives vertes tranchées (facultatif)
- Sel et poivre
- ½ livre de haricots verts ; frais ou congelé, coupé en morceaux de 3 pouces
- 6 Oeufs
- ¼ tasse de beurre

les directions

a) Épluchez les plantains, coupez-les en tranches de 2 pouces d'épaisseur dans le sens de la longueur et faites-les frire dans l'huile jusqu'à ce qu'elles soient dorées. Retirer, égoutter et garder au chaud. Dans une poêle, faire revenir l'oignon, le poivron vert et l'ail jusqu'à ce qu'ils soient tendres mais pas bruns.

b) Ajouter le bœuf haché et faire revenir à feu vif pendant 3 minutes. Verser la sauce tomate et ajouter les câpres et les olives, si désiré. Cuire 15 minutes à feu moyen en remuant de temps en temps. Assaisonnez avec du sel et du poivre selon votre goût. Lavez les haricots verts et faites-les cuire à la vapeur. Battez les œufs en ajoutant du sel et du poivre au goût.

c) Beurrez les côtés et le fond d'une cocotte ronde et faites fondre le reste du beurre dans le fond. Verser la moitié des œufs battus et cuire à feu moyen environ 1 minute ou jusqu'à ce qu'ils soient légèrement pris. Couvrir les œufs avec un tiers des tranches de plantain, puis des couches de la moitié de la viande hachée et de la moitié des haricots verts. Ajouter une autre couche de bananes plantains, le reste du boeuf haché, une autre couche de haricots et garnir de bananes plantains. Verser le reste des œufs battus par-dessus. Cuire à feu doux pendant 15 minutes, à découvert, en faisant attention de ne pas laisser brûler l'omelette.

d) Placer ensuite dans un four préchauffé à 350 degrés pendant 10 à 15 minutes pour dorer le dessus.

e) Servir avec du riz et des haricots. Excellent pour le déjeuner.

35. Petits pains de riz portoricains

Rendement : 24 petits pains

Ingrédient

- 2 tasses de lait
- 2 onces de beurre
- ¾ cuillère à café de sel
- 2 tasses de farine de riz très fine
- 2 cuillères à café de levure
- 3 oeufs
- ½ livre de fromage blanc doux
- Lard ou huile végétale pour la friture

les directions

a) Dans une casserole, porter à ébullition, Ingrédients en "A" et retirer du feu.

b) Mélanger la farine de riz et la levure chimique et mélanger avec le contenu dans une casserole. Ajouter les œufs UN À LA FOIS et mélanger.

c) Cuire à feu modéré, en remuant constamment avec une cuillère en bois, jusqu'à ce que le mélange se sépare des parois et du fond de la casserole.

d) Retirer du feu. Écraser le fromage à la fourchette et ajouter. Bien mélanger.

e) Déposer le mélange par cuillerée dans la graisse, chauffé à 375F, jusqu'à ce qu'il soit brun. Retirer et égoutter sur du papier absorbant.

36. Farine de queso de Porto Rico

Rendement : 4 portions

Ingrédient

- 4 gros œufs
- 1 boîte (14 oz) de lait condensé ; Sucré
- 1 boîte (12 oz) de lait évaporé
- 6 onces de fromage à la crème
- 1 cuillère à café d'extrait de vanille

les directions

a) Mélanger les œufs, le lait et la vanille ensemble.

b) Ramollir le fromage à la crème et le mélanger avec les autres ingrédients. Veillez à ne pas trop mélanger le fromage à la crème ou cela provoquera des poches d'air dans le flan.

c) Préparez un caramel en faisant cuire $\frac{1}{2}$ tasse de sucre à feu doux jusqu'à ce que le sucre se liquéfie. Utilisez un récipient en métal pour ce faire.

d) Versez juste assez de caramel dans le moule/ramequin pour recouvrir le fond.

e) Une fois que le sucre est dur, versez la pâte que vous avez préparée selon les instructions 1 et 2 dans le moule/ramequin.

f) mettre le moule/ramequin au bain-marie. La casserole/le ramequin dans lequel se trouvent les ingrédients doit être immergé dans l'eau.

g) Cuire au four à 325 degrés Fahrenheit pendant environ $\frac{1}{2}$ heure. Le flan est cuit lorsqu'un couteau/cure-dent inséré dedans en ressort propre.

37. Pain de viande de Porto Rico

Rendement : 1 portions

Ingrédient

- 1 livre de viande hachée
- 1 oeuf
- 1 petit oignon haché
- Sel à l'ail
- Persil
- ½ tasse de chapelure
- ½ tasse de lait
- 1 cuillère à soupe de moutarde
- 2 cubes de bouillon de boeuf
- 1 cuillère à soupe de sauce Worcestershire
- 5 carottes mais dans le sens de la longueur
- 1 boîte de jus de tomate
- 2 pommes de terre moyennes

les directions

a) Mélangez la viande hachée, l'œuf, l'oignon, le sel d'ail, les persil, la chapelure, le lait et la moutarde en tassant fermement.

b) Rouler dans de la farine assaisonnée avec du paprika, du sel et du poivre. Faire dorer dans une poêle électrique en faisant dorer de tous les côtés. Ajouter les cubes de bouillon, la sauce Worcestershire, les carottes, le jus de tomate et les pommes de terre.

c) Cuire à couvert avec la viande pendant environ 1 heure et 15 minutes, ou jusqu'à ce qu'elle soit bien cuite.

38. Avocat farci au poisson fumé

Rendement : 4 portions

Ingrédient

- 4 Oeufs durs
- ¼ tasse de lait
- ¼ tasse de jus de lime frais filtré
- ¼ cuillère à café de sucre
- ½ cuillère à café de sel
- ⅓ tasse d'huile végétale
- 2 cuillères à soupe d'huile d'olive
- ½ livre de poisson blanc fumé
- 2 gros avocats mûrs
- 12 lanières de poivron rouge frais

les directions

a) Dans un bol profond, écrasez les jaunes d'œufs et le lait avec une cuillère ou une fourchette de table jusqu'à ce qu'ils forment une pâte lisse. Ajouter 1 cuillère à soupe de jus de citron vert, le sucre et le sel.

b) Incorporez ensuite l'huile végétale, une cuillère à café environ à la fois; assurez-vous que chaque ajout est absorbé avant d'en ajouter d'autres. Ajouter l'huile d'olive par cuillerée à café en battant constamment. Incorporer le jus de lime restant dans la sauce et goûter pour l'assaisonnement.

c) Déposez le poisson dans un saladier et émiettez-le finement à la fourchette. Ajouter les blancs d'œufs hachés et la sauce, et mélanger délicatement mais soigneusement.

d) Verser le mélange de poisson dans les moitiés d'avocat

39.   Œufs au four avec saumon fumé

Rendement : 2 portions

Ingrédient

- 2 cuillères à soupe de beurre
- 3 cuillères à soupe de chapelure molle
- 2 oeufs
- 1 gousse d'ail; haché
- 2 onces de fromage à la crème
- 2 onces de saumon fumé ; tranché
- 2 onces de fromage cheddar fort ; râpé
- 1 Tomate; en tranches épaisses

les directions

a) Casseroles au beurre. Appuyez sur 2 à 3 cuillères à café de chapelure sur le fond et les côtés de chacun. Mélanger la chapelure restante avec 1 T. de beurre, réserver. Casser un oeuf dans chaque plat. Écraser l'ail avec le fromage à la crème et déposer délicatement sur les œufs. Ajouter le saumon fumé en pliant de longues lanières au besoin.

b) Saupoudrer de cheddar râpé sur le saumon. Mettre 1 tranche de tomate grasse sur chaque plat. Émiettez la moitié de la chapelure sur chaque plat et faites cuire au four à 350 pendant 8 à 15 minutes, puis faites griller pendant 2 à 3 minutes, jusqu'à ce que le dessus soit doré et légèrement croustillant. Servir aussitôt.

40. Oeuf poché et saumon fumé

Rendement : 4 portions

Ingrédient

- ½ tasse de crème sure
- 3 cuillères à soupe de ciboulette ciselée
- 2 cuillères à soupe de vin blanc
- sel; goûter
- poivre noir fraîchement moulu; goûter
- 4 gros œufs
- 4 grosses pommes de terre juste cuites
- 4 onces de saumon fumé; en julienne
- 1 ciboulette ciselée
- 1 caviar d'oignon rouge coupé en petits dés

les directions

a) Dans un petit bol, combiner la crème sure, la ciboulette et le vin blanc; assaisonner au goût avec du sel et du poivre. Mettre de côté. Dans une casserole ou une poêle peu profonde, porter à ébullition 2 pouces d'eau froide et le vinaigre à feu moyen.

b) Réduire le feu jusqu'à ce que l'eau mijote doucement. Casser les œufs, un à la fois, dans un ramequin ou une tasse à café. En tenant le ramequin aussi près que possible de l'eau, glissez doucement l'œuf dans l'eau. Pocher les œufs 3 minutes pour une cuisson très douce, 5 minutes pour une cuisson moyenne.

c) À l'aide d'une écumoire, évider les œufs. Si nécessaire, séchez délicatement avec du papier absorbant. Trancher le dessus des pommes de terre au four et presser. Couvrir avec les œufs et entrecroiser les lanières de saumon. À l'aide d'un flacon compressible ou d'une cuillère à thé, arroser de sauce à la crème sure le saumon et autour des pommes de terre.

d) Garnir de ciboulette, d'oignon et de caviar et servir aussitôt.

41.   Jaunes d'œufs conservés

Ingrédients

- 1½ tasse de sucre
- 1 tasse de sel casher
- 8 oeufs

les directions

a) Mélanger 1 tasse de sucre et 1 tasse de sel au fond d'un moule carré de 8 pouces ou d'un récipient assez grand pour contenir huit jaunes d'œufs sans se toucher.

b) Utilisez le dos d'une cuillère à soupe pour former huit indentations régulièrement espacées dans la cure de sel et de sucre. Ne creusez pas trop profondément; vous voulez que chaque partie du fond du jaune touche le sucre et le sel.

c) Dans un plat séparé, séparez un oeuf. Transférez délicatement le jaune d'œuf dans l'une des empreintes et réservez le blanc d'œuf pour un autre usage. Faites de même avec le reste des œufs, un à la fois. Ce n'est pas grave si vous cassez accidentellement un jaune, mais il est préférable de les garder intacts.

d) Versez délicatement la ½ tasse de sucre et la ½ tasse de sel restantes sur les jaunes pour former de petits monticules. Assurez-vous que les jaunes sont entièrement recouverts.

e) Couvrir le plat ou le récipient avec un couvercle hermétique ou une pellicule plastique. Déplacez-le délicatement au réfrigérateur et laissez les jaunes durcir pendant 4 jours.

f) Placer une grille sur une plaque à pâtisserie. Placez les jaunes sur la grille, puis glissez le plat dans le four. Laissez-les sécher et terminez le durcissement pendant 35 minutes. Vos jaunes sont maintenant prêts à être utilisés.

42.   Oeufs saumurés

Ingrédients

- 6 oeufs
- $\frac{3}{4}$ tasse de sel casher
- 3 tasses d'eau

les directions

a) Placez un récipient de 3 pintes (ou plus) avec un couvercle sur une surface stable dans un endroit frais et à l'écart de la lumière directe du soleil. Placez délicatement les œufs entiers à l'intérieur du récipient en faisant attention de ne pas les casser au fur et à mesure.

b) Mélangez le sel et l'eau dans un pichet et remuez jusqu'à ce que vous ayez une saumure trouble. Verser délicatement la saumure sur les œufs pour les recouvrir complètement.

c) Laissez reposer les œufs dans la saumure pendant au moins 5 semaines. Après 12 semaines, ils seront trop salés pour être appréciés. Il n'y aura aucun changement visuel dans les œufs.

d) Pour cuire les œufs, placez une petite casserole sur le dessus de la cuisinière. Retirez délicatement les œufs de la saumure et placez-les délicatement au fond de la casserole

e) Verser un pichet d'eau fraîche sur les œufs pour les recouvrir complètement. Couvrez la casserole et faites cuire à feu vif jusqu'à ce que l'eau bout rapidement. Éteignez le feu, gardez la casserole couverte et réglez une minuterie sur 6 minutes.

f) Lorsque le temps est écoulé, égouttez immédiatement les œufs, puis passez-les sous l'eau froide jusqu'à ce qu'ils soient suffisamment froids pour être manipulés. Utiliser immédiatement ou réfrigérer jusqu'à 1 semaine.

g) Pour servir, rouler doucement un œuf pour casser la coquille partout. Écalez l'œuf. Le blanc sera ferme mais doux, et le jaune sera très ferme et brillant. Mangez les œufs entiers, coupez-les en deux dans le sens de la longueur ou hachez-les.

43.   Oeufs sauce soja fumée

Ingrédient

- 6 oeufs
- 1½ tasse d'eau
- 1 tasse de sauce soja
- 2 cuillères à soupe de vinaigre de riz
- 2 cuillères à soupe de sucre
- 4 cuillères à café de thé lapsang souchong, dans un sachet de thé ou une boule à thé pour un retrait facile

les directions

1. Placez délicatement les œufs en une seule couche dans une casserole moyenne et couvrez de 2 pouces d'eau. Couvrez la casserole et faites cuire à feu vif jusqu'à ce que l'eau bout rapidement. Éteignez le feu, gardez la casserole couverte et réglez une minuterie sur 6 minutes. Lorsque le temps est écoulé, égouttez immédiatement les œufs, puis passez-les sous l'eau froide jusqu'à ce qu'ils soient suffisamment froids pour être manipulés.

2. Remettez la casserole sur la cuisinière et ajoutez l'eau, la sauce soja, le vinaigre, le sucre et le thé. Porter cette saumure à ébullition en remuant pour dissoudre le sucre. Éteignez le feu et couvrez la saumure pour la garder au chaud.

3. Pendant ce temps, cassez les coquilles d'œufs pour obtenir un œuf marbré ou épluchez-les complètement pour un aspect lisse et plus de saveur de sauce soja. Pour casser une coquille d'œuf, frappez doucement son haut et son bas contre le plan de travail, puis roulez-le sur le côté. Si vous écalez complètement les œufs, pour de meilleurs résultats, commencez à écaler les œufs par le grand dessus rond, où vous remarquerez une petite poche d'espace sous la coquille.

4. Placez les œufs fêlés ou écalés dans un bocal en conserve de 1 $\frac{1}{2}$ litre. Jetez le thé et versez la saumure sur les œufs pour les submerger complètement. Si les œufs flottent, lestez-les avec un petit sac ziplock rempli d'eau.

Couvrir les œufs et réfrigérer pendant au moins 6 heures pour leur laisser prendre le goût de la saumure.

44.   Oeufs marinés au curry

Ingrédient

- 6 oeufs
- 2 cuillères à soupe de graines de cumin
- 2 cuillères à café de coriandre moulue
- $1\frac{1}{2}$ tasse d'eau
- 1 tasse de vinaigre de cidre de pomme
- 3 gousses d'ail écrasées et pelées
- 3 fines tranches de gingembre frais
- 2 cuillères à café de curcuma moulu
- 2 cuillères à café de grains de poivre noir
- 2 cuillères à café de sel casher

les directions

a) Placez délicatement les œufs en une seule couche dans une casserole moyenne et couvrez de 2 pouces d'eau. Couvrez la casserole et faites cuire à feu vif jusqu'à ce que l'eau bout rapidement. Éteignez le feu, gardez la casserole couverte et réglez une minuterie sur 6 minutes.

b) Ajouter le cumin et la coriandre et faire griller à feu moyen, en remuant fréquemment, jusqu'à ce qu'ils deviennent parfumés, environ $2\frac{1}{2}$ minutes. Ajoutez immédiatement $1\frac{1}{2}$ tasse d'eau pour arrêter la cuisson, puis ajoutez le vinaigre, l'ail, le gingembre, le curcuma, les grains de poivre et le sel. Portez le feu à vif et faites bouillir la saumure.

c) Pendant ce temps, cassez une coquille d'œuf en frappant doucement le haut et le bas contre le plan de travail, puis roulez-la sur le côté.

d) Placez les œufs écalés dans un bocal en conserve de $1\frac{1}{2}$ litre. Versez la saumure (y compris ses solides) sur les œufs pour les plonger dans la saumure.

e) Couvrir les œufs et réfrigérer pendant au moins 4 jours pour leur laisser prendre le goût de la saumure.

45. Œufs marinés à la betterave

Ingrédient

- 6 oeufs
- 1 toute petite betterave rouge, pelée et coupée en quartiers
- 1 gousse d'ail écrasée et pelée
- 2 cuillères à café de sucre
- 2 cuillères à café de sel casher
- 1 cuillère à café de grains de poivre noir
- $\frac{1}{2}$ cuillère à café de graines de céleri
- $\frac{1}{2}$ cuillère à café de graines d'aneth
- $\frac{1}{4}$ cuillère à café de flocons de piment rouge (facultatif)
- 2 clous de girofle entiers
- 1 petite feuille de laurier
- $1\frac{1}{2}$ tasse d'eau
- $\frac{3}{4}$ tasse de vinaigre de cidre de pomme

les directions

a) Placez délicatement les œufs en une seule couche dans une casserole moyenne et couvrez de 2 pouces d'eau. Couvrez la casserole et faites cuire à feu vif jusqu'à ce que l'eau bout rapidement. Éteignez le feu, gardez la casserole couverte et réglez une minuterie sur 6 minutes.

b) Mélanger la betterave, l'ail, le sucre, le sel, les grains de poivre, les graines de céleri, les graines d'aneth, les flocons de piment, les clous de girofle, le laurier, l'eau et le vinaigre dans la casserole à feu vif. Porter cette saumure à ébullition en remuant pour dissoudre le sucre et le sel.

c) Pendant ce temps, cassez une coquille d'œuf en tapant doucement le haut et le bas contre le plan de travail, puis en la faisant rouler sur le côté.

d) Placez les œufs écalés dans un bocal en conserve de $1\frac{1}{2}$ litre. Verser la saumure chaude sur les œufs

46. Muffins au maïs avec dinde fumée

Rendement : 36 portions

Ingrédient

- 1 tasse de semoule de maïs jaune
- 1 tasse de farine tout usage tamisée
- ⅓ tasse de sucre
- 1 cuillère à soupe de levure chimique
- 1 cuillère à café de sel
- 1 tasse de lait
- Coupe de beurre, fondu, refroidi
- 2 Oeufs, légèrement battus
- ½ livre de poitrine de dinde fumée, tranchée finement
- ½ tasse de relish aux canneberges ou de moutarde au miel

les directions

a) Préchauffer le four à 400 degrés. Beurrer des moules à mini-muffins. Mélanger la semoule de maïs, la farine, le sucre, la poudre à pâte et le sel dans un grand bol. Mélanger le lait, le beurre et les œufs dans un bol moyen. Incorporer le mélange de lait au mélange de semoule de maïs jusqu'à ce qu'il soit juste humidifié. Verser la pâte dans des moules à mini muffins.

b) Cuire jusqu'à ce qu'ils soient dorés, 14-16 minutes. Laisser refroidir sur une grille pendant cinq minutes. Retirer des moules et laisser refroidir complètement.

47.   Saumon fumé aux galettes de pommes de terre

Rendement : 2 portions

Ingrédient

- 150 grammes Purée de pommes de terre
- 15 millilitres Farine blanche
- 30 millilitres de lait
- 2 œufs, battus
- Sel et poivre noir fraîchement moulu
- 1 oignon à salade; haché finement
- 100 grammes de garnitures de saumon fumé
- 1 cuillères à soupe d'huile d'olive
- 225 grammes Filet de saumon légèrement fumé
- 2 œufs, pochés

les directions

a) Mélanger la pomme de terre, la farine, le lait, les œufs et l'assaisonnement pour obtenir une pâte lisse.

b) Incorporer les parures d'oignon et de saumon.

c) Faites chauffer une poêle, ajoutez un peu d'huile et versez-y une grosse cuillerée du mélange. Le mélange devrait donner environ 6 à 8 crêpes de 8 cm (3") de diamètre chacune.

d) Cuire chaque côté pendant 1 à 2 minutes à feu moyen ou jusqu'à ce qu'ils soient dorés. Réserver et réserver au chaud.

e) Faites chauffer l'huile d'olive dans une poêle, ajoutez les tranches de filet de saumon légèrement fumé et faites cuire 1 minute de chaque côté.

48.   Saumon fumé au four et fromage feta

Rendement : 2 portions

Ingrédient

- 3 onces de saumon fumé, coupé en dés
- 6 onces de fromage à la crème, ramolli
- 3 onces de fromage feta
- 1 Oeuf, légèrement battu
- 1 cuillère à café de câpres
- 2 cuillères à soupe de persil finement haché
- 4 oignons verts, garnis, coupés en dés
- 1 cuillère à soupe de graines de pavot

les directions

a) Vous aurez également besoin d'1 feuille de pâte feuilletée surgelée, coupée en un rectangle de 3 "X 8" et d'un peu de beurre fondu. Préchauffer le four à 375 degrés. Dans un bol moyen, mélanger à la main le saumon, le fromage à la crème, le fromage Feta, l'œuf, les câpres, le persil et les oignons verts. Étalez la pâte feuilletée pour doubler sa taille.

b) Badigeonnez-le généreusement de beurre fondu. Étendre le mélange de saumon sur la feuille. Rouler, style jelly-roll, en repliant les extrémités pour sceller. Badigeonner le dessus du rouleau de beurre fondu et saupoudrer de graines de pavot. Faire des entailles diagonales de $\frac{1}{2}$ pouce de profondeur sur le rouleau pour permettre à la vapeur de s'échapper. Cuire le rouleau de 20 à 30 minutes ou jusqu'à ce qu'il soit doré. Servir chaud.

49. Cheesecake au saumon fumé

Rendement : 1 portion

Ingrédient

- 12 onces de fromage à la crème, ramolli
- ½ livre de saumon fumé ou Lox
- 3 oeufs
- ½ échalote, hachée
- 2 cuillères à soupe de crème épaisse
- 1½ cuillère à café de jus de citron
- pincée de sel
- pincée de poivre blanc
- 2 cuillères à soupe de sucre granulé
- ½ tasse de yogourt nature
- ¼ tasse de crème sure
- 1 cuillère à soupe de jus de citron
- ¼ tasse de ciboulette hachée
- Poivrons rouges et jaunes en dés

les directions

a) Dans le bol du mélangeur, fouetter le fromage jusqu'à ce qu'il soit très mou. Au robot culinaire, purée de saumon à coller; ajouter les oeufs un à la fois et l'échalote.

b) Placer le mélange de saumon dans un bol; incorporer la crème, le jus de citron, le sel, le poivre et le sucre; bien mélanger. Incorporer au fromage à la crème fouettée.

c) Verser dans un moule à charnière beurré de 7 ou 8 pouces. Placer le moule rempli dans un plus grand plat allant au four; entourer la plus petite casserole avec 1 pouce d'eau chaude. Cuire 25 à 30 minutes.

d) Pendant ce temps, préparez la sauce.

50. Scones au cheddar

Rendement : 8 portions

Ingrédient

- 4 tasses de mélange à biscuits
- 1 tasse de lait
- 2 oeufs
- ¼ tasse de beurre ; fondu
- 2½ tasse de fromage cheddar finement râpé
- Dinde fumée; émincé

les directions

a) Mélanger le mélange à biscuits, le lait, les œufs, le beurre et le fromage ; bien mélanger jusqu'à ce que les ingrédients soient humidifiés.

b) Déposer par cuillerées à table sur une plaque à pâtisserie légèrement graissée. Chauffer le four à 400°F ; cuire de 12 à 14 minutes ou jusqu'à ce qu'ils soient dorés. Retirer du four et laisser refroidir légèrement avant de retirer de la plaque à pâtisserie.

c) Pour servir, couper les scones en deux et les remplir d'une petite tranche de dinde.

51. Galettes de pommes de terre à la ciboulette

Rendement : 6 portions

Ingrédient

- 2 livres de pommes de terre Russet ; pelé et coupé en cubes
- 1 oignon moyen ; couper en morceaux
- 2 cuillères à soupe de farine de matzo ; ou farine tout usage
- 2 oeufs; séparé
- 4 cuillères à soupe de ciboulette fraîche; haché
- 2 cuillères à café de sel
- ½ cuillère à café de poivre blanc
- ⅔ tasse d'huile de maïs ; pour la friture
- 6 onces de saumon fumé ; émincé
- 3 onces de caviar doré

les directions

a) Râpez les pommes de terre et l'oignon dans un robot culinaire. Transférer le contenu du bol de travail dans un grand bol.

b) Placer une grande passoire sur un bol moyen. Placer le mélange de pommes de terre et d'oignons dans une passoire et presser fermement pour extraire les liquides; réserver les liquides.

c) Remettre le mélange de pommes de terre dans un grand bol. Mélanger la farine de matzo, les jaunes d'œufs, 2 cuillères à soupe de ciboulette, le sel et le poivre. Ajouter la pâte à la pâte de pommes de terre. Battre les œufs jusqu'à consistance ferme mais pas sèche; plier dans la pâte.

d) Chauffer ⅓ tasse d'huile dans chacune des 2 grandes poêles lourdes à feu moyen-vif. Déposer 1 cuillère à soupe comble de pâte de pommes de terre par crêpe dans l'huile chaude; étaler chacun à 3 "de diamètre. Cuire les crêpes jusqu'à ce que les fonds soient bruns

52.   Pouding au maïs et à la dinde fumée

Rendement : 4 portions

Ingrédient

- 2 cuillères à soupe de beurre
- ½ tasse d'oignons finement tranchés
- 1 tasse de poivrons rouges finement tranchés
- 1 cuillère à soupe de fécule de maïs dissoute dans du bouillon de poulet
- 1 tasse de crème légère
- 4 oeufs, séparés
- 1 cuillère à café de moutarde de Dijon
- 2 tasses de grains de maïs surgelés décongelés
- 1 tasse de dinde fumée effilochée
- Sel et poivre noir fraîchement moulu

les directions

1. Faire chauffer le beurre dans une poêle de 9 pouces. Cuire les oignons et les poivrons jusqu'à ce qu'ils soient tendres et que les oignons soient un peu bruns.

2. Une fois refroidis, transférez-les dans un bol à mélanger et ajoutez la fécule de maïs, la crème, les jaunes d'œufs et la moutarde. Bien fouetter pour mélanger.

3. Incorporer le maïs et la dinde au mélange d'œufs. Assaisonnez avec du sel et du poivre. Battez les blancs d'œufs jusqu'à ce qu'ils forment des pics fermes mais ne soient pas secs et incorporez-les au mélange de jaunes d'œufs.

4. Transférer dans le plat de cuisson beurré et cuire au four pendant 35 à 40 minutes ou jusqu'à ce qu'ils soient dorés et gonflés.

5. Servir avec un accompagnement de tranches de tomates mûres et de vinaigrette.

53.   Tarte crémeuse au saumon fumé et à l'aneth

Rendement : 6 portions

Ingrédient

- 5 feuilles de pâte filo - décongelées
- 3 cuillères à soupe de beurre non salé - fondu
- 4 gros jaunes d'œufs
- 1 cuillère à soupe de moutarde de Dijon - PLUS 1 cuillère à café
- 3 gros oeufs
- 1 tasse Moitié-moitié
- 1 tasse de crème fouettée
- 6 onces de saumon fumé - haché
- 4 oignons verts - hachés
- ¼ tasse d'aneth

les directions

1. Beurrer généreusement une assiette à tarte profonde de 9 ½ pouces de diamètre. Placer 1 feuille de filo sur le plan de travail. Badigeonner la feuille de pâte filo de beurre et la plier en deux dans le sens de la longueur.

2. Badigeonner la surface pliée de beurre. Couper en deux dans le sens de la largeur. Placer 1 rectangle de pâte phyllo, côté beurré vers le bas, dans une assiette à tarte préparée. Badigeonner le dessus de la pâte phyllo dans un moule à tarte avec du beurre. Placer le deuxième rectangle de pâte phyllo dans une assiette à tarte, en couvrant le fond et en laissant la pâte dépasser d'une autre section du bord de ½ pouce ; badigeonner de beurre.

3. Préchauffer le four à 350F. Fouetter les jaunes et la moutarde dans un bol moyen pour mélanger. Incorporer les œufs, moitié-moitié, la crème, le saumon, les oignons et l'aneth haché. Assaisonner au goût avec du sel et du poivre. Verser dans la croûte préparée.

4. Cuire jusqu'à ce que le centre soit pris, environ 50 minutes. Transférer sur une grille. Frais.

5. Garnir de brins d'aneth et servir légèrement tiède ou à température ambiante

54.   Latkes au saumon fumé

Rendement : 1 portion

Ingrédient

- 2 livres de pommes de terre, pelées
- 1 oeuf
- 2 cuillères à soupe de farine
- ½ cuillère à café de sel
- Poivre moulu au goût
- 2 onces de saumon fumé, haché
- 1 tasse d'oignon vert, haché
- 3 cuillères à soupe d'huile végétale
- Latkes au saumon fumé

les directions

1. Râpez les pommes de terre et, à l'aide de vos mains, pressez autant de jus que possible.

2. Placer les pommes de terre dans un grand bol à mélanger, ajouter la farine, saler et poivrer; bien mélanger.

3. Ajouter le saumon fumé et les oignons verts, remuer pour combiner

4. Pour 1 cuillères à soupe. huiler dans un grand plat de cuisson allant au four avec des côtés peu profonds; étaler l'huile sur le fond.

5. Déposer une grande cuillerée à soupe du mélange de pommes de terre à $\frac{1}{2}$ pouce d'intervalle dans un plat graissé, aplatir légèrement.

6. Cuire au four environ 8 minutes ou jusqu'à ce que les latkes soient dorés.

55.   Pancakes à l'avoine et à l'érable

Ingrédients

- 1½ tasse de flocons d'avoine à l'ancienne
- ½ tasse de farine de blé entier
- 1 cuillère à café de cannelle moulue
- 1 cuillère à café de levure chimique
- 2 tasses de babeurre faible en gras
- 2 cuillères à soupe de sirop d'érable
- 1 oeuf
- Aérosol de cuisson

les directions

1. Dans un bol moyen, mélanger les flocons d'avoine, la farine, la cannelle et la poudre à pâte.

2. Dans un grand bol à mélanger, fouetter ensemble le babeurre, le sirop d'érable et l'œuf.

3. Ajouter le mélange sec au mélange humide en 2 ou 3 ajouts, en mélangeant bien après chaque ajout. Laisser reposer 10 à 15 minutes, jusqu'à ce que le mélange devienne mousseux.

4. Vaporisez une poêle antiadhésive avec un aérosol de cuisson et faites-la chauffer à feu moyen. Versez la pâte dans la poêle, environ $\frac{1}{4}$ de tasse pour chaque crêpe, et faites cuire pendant 2 à 3 minutes, jusqu'à ce que des bulles apparaissent à la surface. Retourner et poursuivre la cuisson 1 à 2 minutes de plus, jusqu'à ce que chaque pancake soit doré sur l'autre face.

56.   Frittata de bette à carde et quinoa

POUR 6 PERSONNES

Ingrédient

- Aérosol de cuisson
- ⅓ tasse de chapelure non assaisonnée
- 1 cuillère à soupe d'huile d'olive
- 1 oignon moyen, coupé en dés
- 2 gousses d'ail, hachées
- Feuilles de bette à carde de 1 livre, tige centrale dure retirée et feuilles finement tranchées
- 1 cuillère à soupe de thym frais haché
- ¼ cuillère à café de flocons de piment rouge
- 1 tasse de quinoa, cuit
- 1 tasse de fromage ricotta partiellement écrémé
- ¼ cuillère à café de poivre fraîchement moulu
- 2 oeufs, légèrement battus

les directions

1. Préchauffer le four à 350°F.

2. Vaporisez un plat de cuisson de 8 x 8 pouces avec un aérosol de cuisson et enduisez-le de chapelure.

3. Chauffer l'huile dans une grande poêle à feu moyen-vif. Ajouter l'oignon et l'ail et cuire, en remuant fréquemment, jusqu'à ce qu'ils soient ramollis, environ 5 minutes.

4. Ajouter la bette à carde et cuire encore 3 à 4 minutes, en remuant fréquemment, jusqu'à ce que les verts soient flétris. Incorporer le thym et les flocons de piment rouge.

5. Retirer la poêle du feu et transférer le mélange de blettes dans un bol à mélanger moyen.

6. Incorporer le quinoa cuit, le fromage, le poivre et les œufs au mélange de blettes. Transférer le mélange dans le plat de cuisson préparé et cuire au four pendant environ 1 heure, jusqu'à ce que les bords commencent à dorer et que le centre soit pris.

7. Laisser refroidir la frittata quelques minutes avant de la couper en carrés. Servez chaud ou à température ambiante.

57. Œufs épicés au four avec fromage de chèvre

POUR 4 PERSONNES

Ingrédient

- Aérosol de cuisson
- 10 onces d'épinards hachés surgelés, décongelés et essorés
- 4 œufs
- ¼ tasse de salsa épaisse
- ¼ tasse de fromage de chèvre émietté
- Poivre fraîchement moulu

les directions

1. Préchauffer le four à 325°F.

2. Vaporiser quatre ramequins ou coupes à crème anglaise de 6 onces avec un aérosol de cuisson.

3. Couvrir le fond de chaque ramequin d'épinards en le divisant également. Faire une légère entaille au centre de chaque couche d'épinards.

4. Casser un œuf sur les épinards dans chaque ramequin. Garnir chaque œuf avec 1 cuillère à soupe de salsa et 1 cuillère à soupe de fromage de chèvre. Saupoudrer de poivre.

5. Placer les ramequins sur une plaque allant au four et cuire au four pendant environ 20 minutes, jusqu'à ce que les blancs soient complètement pris, mais que le jaune soit encore un peu coulant. Sers immédiatement.

60. Omelette Champignons à l'Ail et Fromage

POUR 1

Ingrédient

- 2 oeufs
- 1 cuillère à café d'eau
- Poivre fraîchement moulu
- Aérosol de cuisson
- ½ cuillère à café d'ail haché
- 4 onces de champignons de Paris ou cremini tranchés
- 1 once de fromage suisse faible en sodium râpé
- 1 cuillère à café de persil frais haché

les directions

1. Dans un petit bol, fouetter les œufs, l'eau et le poivre au goût jusqu'à ce qu'ils soient bien mélangés.

2. Vaporisez une petite poêle antiadhésive avec un aérosol de cuisson et faites-la chauffer à feu moyen. Ajouter l'ail et les champignons et cuire, en remuant fréquemment, jusqu'à ce que les champignons soient tendres, environ 5 minutes. Transférer le mélange de champignons dans un bol.

3. Vaporisez à nouveau la poêle avec un aérosol de cuisson, si nécessaire, et placez-la sur feu moyen. Ajoutez les œufs et faites-les cuire jusqu'à ce que les bords commencent à prendre. À l'aide d'une spatule, poussez l'œuf pris des bords vers le centre. Inclinez la casserole, permettant à l'œuf non cuit de se répandre autour de l'extérieur de l'œuf pris. Cuire jusqu'à ce que l'omelette soit presque prise.

4. Déposer les champignons cuits dans l'omelette en une ligne au centre. Garnir avec le fromage et la moitié du persil.

5. Replier un côté de l'omelette sur le dessus de l'autre côté. Laisser cuire environ 1 minute de plus pour faire fondre le fromage.

6. Glisser l'omelette sur une assiette et servir immédiatement, garnie du persil restant.

61. Lunes tendres aux pommes

Rendement : 18 portions

Ingrédient

- ¾ tasse de jus de pomme - concentré
- ½ tasse de pommes - séchées
- 2 oeufs
- ¼ tasse de beurre - fondu et refroidi
- 1 cuillère à café de vanille
- 1 tasse de farine
- ½ cuillère à café de levure chimique
- ½ cuillère à café de cannelle - moulue
- ¼ cuillère à café de sel
- Cuillère à café Poon Muscade - moulue

les directions

1. Hacher les fruits. Mélanger le concentré de jus de pomme et les pommes; laisser reposer 10 minutes.

2. Préchauffer le four à 350. Battre les œufs dans un bol moyen. Incorporer le mélange concentré, le beurre et la vanille. Ajouter le reste des ingrédients et bien mélanger. Déposer des cuillerées à soupe de pâte 2" sur des plaques à biscuits graissées.

3. Cuire 10 à 12 minutes, jusqu'à ce qu'ils soient fermes et dorés.

62. Quatre-quarts pour diabétiques et à faible teneur en sodium

Rendement : 4 portions

Ingrédient

- 1½ tasse de shortening végétal
- 2¾ tasse de sucre
- 9 Oeufs
- 1 citron ; Jus de
- 1 cuillère à café de vanille
- 2 tasses de farine à gâteau tamisée

les directions

1. Chauffer le four à 300 degrés. Graisser et fariner un moule à cheminée de 10 pouces.
2. Crème shortening jusqu'à consistance lisse. Ajouter petit à petit le sucre et bien la crème.
3. Ajouter les oeufs un à la fois en crémant bien après chacun. Incorporer le jus de citron et la vanille. Tamisez la farine à gâteau et ajoutez-la au mélange.
4. Verser le mélange dans le moule à cheminée. Cuire au four pendant 1h30 ou jusqu'à ce que les tests soient terminés.

63. Cassonade – Glace aux pacanes

POUR 8 PERSONNES

Ingrédient

- 1 cuillère à soupe d'eau
- 1½ cuillères à café de gélatine en poudre sans saveur
- 2½ tasses de lait faible en gras
- ¾ tasse de cassonade foncée tassée
- ½ cuillère à café de cannelle moulue
- 3 jaunes d'œufs
- 1 (12 onces) peut lait évaporé sans gras
- 1 cuillère à café d'extrait de vanille
- ½ tasse de pacanes hachées

les directions

1. Dans une grande casserole, chauffer 1½ tasse de lait à feu moyen. Lorsque le lait est chaud, incorporer la cassonade et la cannelle et continuer à chauffer.

2. Dans un bol moyen, fouetter ensemble les jaunes d'œufs et le lait évaporé. Ajouter le mélange de lait chaud au mélange d'œufs en un mince filet, en fouettant constamment, jusqu'à ce que le tout soit bien mélangé.

3. Remettre le mélange dans la casserole et chauffer à feu moyen, en remuant constamment, jusqu'à ce que le mélange commence à épaissir, environ 5 minutes.

4. Filtrez le mélange à travers un tamis à mailles fines dans un bol et fouettez le mélange de gélatine et d'eau.

5. Incorporer la tasse de lait restante et l'extrait de vanille, couvrir et réfrigérer au réfrigérateur pendant au moins 2 heures ou toute la nuit.

6. Remuez le mélange, transférez-le dans une sorbetière et congelez-le selon les instructions du fabricant. Lorsque le mélange est presque gelé, ajouter les noix de pécan.

64. Gâteau étagé au citron meringué

Ingrédient

Pour le gâteau :
- Aérosol de cuisson
- Farine tout usage, pour saupoudrer
- 4 œufs, à température ambiante
- ⅔ tasse de sucre
- 1 cuillère à café d'extrait de vanille
- 1 cuillère à café de zeste de citron
- 3 cuillères à soupe d'huile de colza
- ¾ tasse de farine à gâteau

Pour le remplissage:
- 1 boîte de lait concentré sucré sans matière grasse
- 1 cuillère à café de zeste de citron
- ⅓ tasse de jus de citron frais

Pour la garniture :
- 2 blancs d'œufs, à température ambiante
- ¼ cuillère à café de crème de tartre
- ¼ tasse) de sucre
- ¼ cuillère à café d'extrait de vanille

les directions

Pour faire le gâteau :

1. Dans un grand bol, mélanger les œufs et le sucre et battre au batteur électrique à vitesse moyenne-élevée jusqu'à consistance mousseuse et jaune pâle, de 8 à 10 minutes. Ajouter la vanille et le zeste de citron.

2. À l'aide d'une spatule en caoutchouc, incorporer délicatement l'huile.

3. Incorporer la farine jusqu'à ce qu'elle soit incorporée.

4. Transférer la pâte dans les moules préparés, en la divisant uniformément.

5. Cuire les gâteaux de 20 à 22 minutes, jusqu'à ce qu'un cure-dent inséré au centre en ressorte propre.

6. Placer les moules sur une grille pour refroidir pendant 10 minutes, puis retourner les gâteaux sur la grille et laisser refroidir complètement.

65. Tarte à la crème au chocolat

POUR 8 PERSONNES
Ingrédient

Pour la pâte:
- 1¼ tasse de miettes de biscuits au chocolat
- 3 cuillères à soupe de beurre non salé, fondu

Pour le remplissage:
- ¾ tasse de sucre
- Tasse de maïs fécule de maïs
- ¼ tasse de cacao en poudre non sucré
- 1¾ tasse de lait faible en gras ou de lait de coco léger
- 1 oeuf
- 4 onces de chocolat mi-amer, haché finement
- Garniture fouettée non laitière sans gras, pour servir

les directions

1. Dans une grande casserole à feu moyen, fouetter ensemble le sucre, la fécule de maïs et le cacao. Ajouter le lait et l'œuf et continuer à fouetter jusqu'à consistance lisse.

2. Cuire, en remuant constamment, jusqu'à ce que le mélange bouillonne et épaississe, environ 5 minutes.

3. Retirer le mélange du feu et ajouter le chocolat en remuant jusqu'à ce qu'il soit complètement fondu et incorporé.

4. Verser la garniture dans la croûte préparée, couvrir d'une pellicule plastique, presser le plastique sur la surface de la garniture et réfrigérer jusqu'à ce qu'elle soit prise, au moins 4 heures.

5. Servir frais, garni de fruits ou de garniture fouettée, si désiré.

66. Biscotti aux cerises et aux amandes

DONNE 18 BISCOTTIS

Ingrédient

- 1 tasse de farine tout usage
- 1 tasse de farine de blé entier
- ½ cuillère à café de levure chimique
- ½ cuillère à café de bicarbonate de soude
- ¼ tasse de beurre non salé
- ½ tasse de sucre cristallisé
- ¼ tasse de cassonade
- 2 oeufs
- 1 cuillère à soupe d'extrait de vanille
- 3 onces d'amandes
- 2 onces de cerises séchées, hachées

les directions

1. Dans un bol moyen, mélanger les farines, la poudre à pâte et le bicarbonate de soude.

2. Dans un grand bol à mélanger, à l'aide d'un batteur électrique, battre le beurre et les sucres ensemble jusqu'à consistance crémeuse. Ajouter les œufs, un à la fois.

3. Ajouter la vanille et les ingrédients secs et battre jusqu'à ce qu'ils soient bien mélangés. Ajouter les amandes et les cerises séchées.

4. Diviser la pâte en 2 portions égales. Sur la plaque à pâtisserie préparée, façonner la pâte en deux pains de 3 x 8 pouces.

5. Cuire les pains jusqu'à ce qu'ils soient dorés, 30 à 35 minutes.

6. Couper les pains à un angle de 45 degrés en tranches de 1 pouce de large.

7. Remettez les tranches sur la plaque à pâtisserie, en les tenant debout sur leurs bords non coupés. Cuire les biscottis jusqu'à ce qu'ils soient très secs et légèrement dorés, environ 25 minutes.

67. Cookies à l'avoine et aux pépites de chocolat

Ingrédient

- ½ tasse de farine tout usage
- ½ tasse de farine de blé entier
- ¾ tasse de flocons d'avoine à cuisson rapide à l'ancienne
- ½ cuillère à café de levure chimique
- ⅓ cuillère à café de bicarbonate de soude
- ¾ tasse de cassonade claire
- ⅓ tasse d'huile de colza
- 1 oeuf
- 1 cuillère à café d'extrait de vanille
- ⅓ tasse de pépites de chocolat noir

les directions

1. Préchauffer le four à 350°F.

2. Tapisser une grande plaque à pâtisserie de papier parchemin.

3. Dans un bol moyen, mélanger les farines, l'avoine, la poudre à pâte et le bicarbonate de soude.

4. À l'aide d'un batteur électrique, dans un grand bol à mélanger, crémer ensemble le sucre et l'huile.

5. Ajouter l'œuf et la vanille et battre pour combiner.

6. Ajouter le mélange sec au mélange humide et battre pour combiner.

7. Incorporer les pépites de chocolat.

8. Déposer la pâte à biscuits sur la plaque à pâtisserie par cuillères à soupe arrondies.

9. Cuire les biscuits jusqu'à ce qu'ils soient dorés, environ 25 minutes. Transférer les biscuits sur une grille pour refroidir.

68. Tarte au pain de maïs à faible teneur en sodium

Ingrédient

- 1 livre de boeuf haché, maigre
- 1 gros oignon - haché
- 1 chaque Simili-soupe de tomates
- Sel et cuillère à café de poivre noir
- 1 cuillère à soupe de piment en poudre
- 12 onces de maïs en grains congelés
- ½ tasse de poivron vert - haché
- Tasse de semoule de maïs
- 1 cuillère à soupe de sucre
- 1 cuillère à soupe de farine tout usage
- 1½ cuillère à café de levure chimique
- 2 blancs d'œufs - bien battus
- ½ tasse de lait 2 %
- 1 cuillère à soupe de jus de bacon

les directions

1. Tarte au pain de maïs : combiner dans une poêle le bœuf haché et l'oignon haché.

2. Bien dorer. Ajouter la soupe aux tomates, l'eau, le poivre, la poudre de chili, le maïs et le poivron vert haché. Bien mélanger et laisser mijoter 15 minutes. Versez dans une cocotte graissée. Garnir de pain de maïs (ci-dessous) et cuire au four modéré (350 ~ F) pendant 20 minutes.

3. Garniture pour pain de maïs : Tamiser ensemble la semoule de maïs, le sucre, la farine et la levure chimique. Ajouter l'œuf bien battu, le lait et le jus de cuisson du bacon. Verser sur le mélange de boeuf.

69. Gâteau soufflé au chocolat

Rendement : 8 portions

Ingrédient

- Huile végétale antiadhésive
- Vaporisateur
- 14 cuillères à soupe de sucre
- ⅔ tasse de noix, grillées
- ½ tasse de cacao en poudre non sucré
- 3 cuillères à soupe d'huile végétale
- 8 gros blancs d'œufs
- 1 pincée de sel
- Sucre en poudre

les directions

1. Vaporiser le moule et le papier d'huile végétale. Saupoudrer la poêle avec 2 cuillères à soupe de sucre. Broyez finement les noix avec 2 cuillères à soupe de sucre dans le processeur. Transférer le mélange de noix dans un grand bol. Mélanger 10 cuillères à soupe de sucre et de cacao, puis l'huile.

2. À l'aide d'un batteur électrique, battre les blancs d'œufs et le sel dans un grand bol jusqu'à formation de pics mous. Incorporer les blancs au mélange de cacao.

3. Verser la pâte dans le moule préparé; dessus lisse.

4. Cuire au four jusqu'à ce que le gâteau gonfle et qu'un testeur inséré au centre en ressorte avec des miettes humides attachées, environ 30 minutes.

70. Tacos du petit-déjeuner

Ingrédient

- 1 cuillère à café de cumin moulu
- 1 boîte (15 onces) de haricots roses sans sel ajouté
- 4 oignons verts, tranchés
- 1 petit poivron rouge, coupé en fines lanières
- Coupe réduite de bouillon de poulet à teneur réduite en sodium
- 2 gousses d'ail, hachées
- 4 œufs
- 4 cuillères à soupe de yaourt sans gras
- 4 cuillères à soupe de salsa
- 8 (6") tortillas de maïs, grillées

les directions

a) Chauffer une poêle antiadhésive de 10" à feu moyen-vif. Ajouter le cumin et cuire, en remuant de temps en temps, pendant environ 30 secondes, ou jusqu'à ce qu'il soit parfumé. Ajouter les haricots, les oignons verts, le poivron, le bouillon et l'ail. Porter à ébullition, puis réduire le feu pour que le mélange frémisse. Cuire pendant 8 minutes.

b) Utilisez le dos de la cuillère pour faire quatre indentations dans les haricots. casser chaque œuf dans une tasse à crème pâtissière et verser dans chaque empreinte. Couvrir et cuire environ 8 minutes.

c) Déposez chaque portion du mélange de haricots recouverts d'œufs dans une assiette. Saupoudrer les olives sur et autour des haricots. Garnir chaque portion avec 1 cuillère à soupe de yogourt et 1 cuillère à soupe de salsa.

71. Hachis barbecue

Ingrédient

- 3 patates douces, pelées et hachées
- 1 paquet (8 onces) de tempeh, haché
- 1 oignon, haché finement
- 1 poivron rouge, haché finement
- 1 cuillère à soupe de sauce barbecue du commerce
- 1 cuillère à café d'assaisonnement cajun
- $\frac{1}{4}$ tasse de persil frais haché
- 4 oeufs Sauce aux piments forts (facultatif)

les directions

a) Chauffer 3 cuillères à soupe d'huile dans une grande poêle antiadhésive à feu moyen-vif. Ajouter les patates douces et le tempeh et cuire, en remuant de temps en temps, pendant 5 minutes ou jusqu'à ce que le mélange commence à dorer. Réduire le feu à moyen.

b) Ajouter l'oignon et le poivron et cuire 12 minutes de plus, en remuant plus fréquemment en fin de cuisson, jusqu'à ce que le tempeh soit doré et que les pommes de terre soient tendres.

c) Ajouter la sauce barbecue, l'assaisonnement cajun et le persil. Mélanger pour combiner, puis répartir dans 4 assiettes de service.

d) Essuyez la poêle avec une serviette en papier. Réduire le feu à moyen-doux et ajouter la cuillère à soupe d'huile restante. Casser les œufs dans la poêle et cuire jusqu'à la cuisson désirée.

e) Glisser un œuf sur chaque portion de hachis et servir aussitôt. Passer la sauce aux piments forts, si désiré, à table.

72. Frittata aux olives et herbes

Ingrédient

- 1 cuillère à café d'huile d'olive, de préférence extra-vierge
- 3/4 tasse de poivron rouge haché
- 3/4 tasse de poivron vert haché
- 3/4 tasse (3 onces) de fromage Monterey Jack faible en gras, râpé
- 2 cuillères à soupe de basilic frais haché
- 5 oeufs + 2 blancs d'oeufs légèrement battus
- ¼ cuillère à café de sel Poivre noir moulu

les directions

a) Préchauffer le four à 375°F. Enduisez une poêle de 9" allant au four d'un aérosol d'huile végétale. Placer à feu moyen-vif. Ajouter l'huile. Chauffer pendant 30 secondes. Ajouter les poivrons. Cuire, en remuant de temps en temps, pendant environ 5 minutes, ou jusqu'à ce qu'ils soient tendres. Saupoudrer le fromage et le basilic dans la poêle. Ajouter les œufs, les blancs d'œufs, les olives, le sel et le poivre.

b) Cuire au four environ 30 minutes, ou jusqu'à ce que les œufs soient pris. Laisser refroidir légèrement. Couper en quartiers.

73. Asperge Frittata

Ingrédients

- ½ livre d'asperges, coupées en morceaux de 1"
- ¼ oignon, haché finement
- 4 œufs
- 2 blancs d'œufs
- 2 cuillères à soupe d'eau froide
- 2 cuillères à café de zeste d'orange fraîchement râpé
- ¼ cuillère à café de sel Poivre noir fraîchement moulu

les directions

a) Préchauffer le four à 350°F. Chauffer une poêle antiadhésive de 10" allant au four à feu moyen pendant 1 minute. Ajouter l'huile et chauffer 30 secondes. Ajouter les asperges et l'oignon. Cuire, en remuant, environ 2 minutes, ou jusqu'à ce que les asperges soient vert vif.

b) Pendant ce temps, fouetter les œufs, les blancs d'œufs, l'eau, le zeste d'orange et le sel. Verser dans la poêle et cuire pendant 2 minutes, ou jusqu'à ce qu'il commence à prendre au fond. Utilisez une spatule en silicone pour soulever les bords fixés et laisser couler le mélange non cuit en dessous. Bien assaisonner avec le poivre.

c) Transférer au four et cuire 6 minutes. Utilisez la spatule pour soulever le bord du mélange d'œufs et inclinez la casserole pour permettre à l'œuf non cuit et à l'huile de couler en dessous. Cuire au four environ 6 minutes de plus, ou jusqu'à ce qu'ils soient gonflés et dorés.

74. Toast aux fraises et aux amandes

Ingrédients

- 1 oeuf
- ¼ tasse de lait écrémé
- ¼ cuillère à café de cannelle moulue
- 1 tranche de pain de grains entiers
- 1 cuillère à café de margarine
- ½ tasse de fraises tranchées

les directions

a) Battre l'œuf dans un bol peu profond avec le lait et la cannelle. Tremper les deux côtés du pain dans le mélange d'œufs.

b) Faire fondre la margarine dans une poêle antiadhésive à feu moyen. Cuire le pain environ 2 à 3 minutes de chaque côté, ou jusqu'à ce qu'il soit doré. Couper en deux en diagonale. Placer la moitié sur une assiette. Garnir de la moitié des fraises et des amandes.

c) Couvrir avec l'autre moitié de pain grillé et les fraises et amandes restantes.

75. Crêpes aux pépites de chocolat

Ingrédients

- 2/3 tasse de farine de blé entier
- 2/3 tasse de farine tout usage non blanchie
- 1/3 tasse de semoule de maïs
- 1 cuillère à soupe de levure chimique
- ½ cuillère à café de bicarbonate de soude
- 2 tasses de yogourt à la vanille sans gras
- 3/4 tasse de substitut d'œuf sans gras
- 2 cuillères à soupe d'huile de colza
- 3/4 tasse de garniture fouettée non laitière

les directions

a) Mélanger les farines, la semoule de maïs, la poudre à pâte et le bicarbonate de soude dans un grand bol. Incorporer le yogourt, le substitut d'œuf, les pépites de chocolat et l'huile.

b) Vaporiser une grande poêle antiadhésive d'un aérosol de cuisson et chauffer à feu moyen.

c) Pour chaque pancake, versez 2 cuillères à soupe de pâte dans la poêle. Cuire les crêpes pendant 2 minutes ou jusqu'à ce que des bulles apparaissent à la surface et que les bords soient pris. Retourner et cuire jusqu'à ce qu'ils soient légèrement dorés, environ 2 minutes de plus. Répéter avec le reste de pâte.

d) Garnir chaque crêpe avec 1 cuillère à café de garniture fouettée.

76. Gaufres au chocolat et aux noix

Ingrédients

- 1 tasse de farine à pâtisserie de grains entiers
- ½ tasse de cacao en poudre non sucré
- 2 cuillères à café de levure
- ¼ cuillère à café de bicarbonate de soude
- 1 tasse de lait 1%
- ½ tasse de cassonade tassée
- 2 cuillères à café de poudre d'espresso
- 3 cuillères à soupe d'huile d'olive légère
- 3 blancs d'œufs
- 1/8 cuillère à café de sel
- 3 cuillères à soupe de sirop d'érable

les directions

a) Fouetter ensemble la farine, la poudre de cacao, la poudre à pâte et le bicarbonate de soude dans un grand bol jusqu'à ce qu'ils soient combinés. Faire un puits au centre du mélange de farine et ajouter le lait, le sucre, la poudre d'espresso et l'huile. Fouetter les ingrédients ensemble jusqu'à homogénéité.

b) Préchauffer un gaufrier pendant 4 minutes, ou selon les instructions du fabricant. Incorporer les blancs dans la pâte au chocolat en 3 ajouts, en pliant juste jusqu'à ce que le mélange soit combiné.

c) Enduisez les grilles de gaufres chauffées d'un aérosol de cuisson juste avant de les utiliser. Ajouter suffisamment de pâte pour couvrir presque les grilles de gaufres (2/3 tasse) et cuire pendant 3 à 4 minutes.

77. Barres granola et cerises séchées

Ingrédients

- 1½ tasse d'avoine nature sèche
- 1 cuillère à soupe de farine tout usage
- 2/3 tasse de cerises séchées non sucrées hachées
- 2 oeufs
- 1 tasse de cassonade claire tassée
- 1 cuillère à soupe d'huile de colza
- 1 cuillère à café de cannelle moulue
- ¼ cuillère à café de sel
- 1 cuillère à café d'extrait de vanille

les directions

a) Placer 1 tasse de noix de cajou et ½ tasse d'avoine sur une grande plaque à pâtisserie avec des côtés. Cuire au four pendant 10 minutes ou jusqu'à ce qu'ils soient grillés, en remuant une fois. Mettre de côté.

b) Placer la farine et 1 tasse d'avoine et ½ tasse de noix de cajou restantes dans un robot culinaire muni d'une lame en métal. Traiter jusqu'à consistance lisse. Transférer dans un bol moyen et combiner avec les cerises et les noix de cajou et l'avoine réservées.

c) Fouetter ensemble les œufs, la cassonade, l'huile, la cannelle, le sel et la vanille dans un grand bol. Incorporer le mélange avoine-noix de cajou jusqu'à ce qu'il soit bien mélangé. Étendre dans le moule préparé.

d) Cuire au four pendant 30 minutes, ou jusqu'à ce qu'ils soient dorés.

78. Muffins aux fruits et aux noix

Ingrédients

- 1 3/4 tasses de farine à pâtisserie de grains entiers
- 1½ cuillères à café de levure chimique
- 1½ cuillères à café de cannelle moulue
- ½ cuillère à café de bicarbonate de soude
- ¼ cuillère à café de sel
- 1 tasse de yogourt à la vanille sans gras
- ½ tasse de cassonade
- 1 oeuf
- 2 cuillères à soupe d'huile de colza
- 1 cuillère à café d'extrait de vanille
- ½ tasse d'ananas écrasé dans le jus, égoutté
- 1/3 tasse de groseilles ou de raisins secs
- ¼ tasse de carottes râpées

les directions

a) Préchauffer le four à 400°F.

b) Mélanger la farine, la poudre à pâte, la cannelle, le bicarbonate de soude et le sel dans un grand bol. Mélanger le yogourt, la cassonade, l'œuf, l'huile et la vanille dans un bol moyen. Incorporer le mélange de yogourt dans le mélange de farine jusqu'à homogénéité.

c) Incorporer les pacanes, l'ananas, les raisins de Corinthe ou les raisins secs et les carottes.

d) Répartir la pâte uniformément dans 12 moules à muffins.

e) Cuire au four pendant 20 minutes.

79. Barres collation double citrouille

Ingrédients

- 1 tasse de citrouille solide en conserve
- 1 tasse de carottes râpées
- ½ tasse) de sucre
- 1/3 tasse de canneberges séchées ou de raisins secs
- ¼ tasse d'huile de colza
- 2 gros oeufs
- 1 tasse de farine à pâtisserie de grains entiers
- 1 cuillère à café de levure chimique
- 1 cuillère à café de cannelle moulue
- ½ cuillère à café de bicarbonate de soude
- ¼ cuillère à café de sel

les directions

a) Mesurer 1 tasse de graines de citrouille dans un mélangeur ou un robot culinaire et mélanger jusqu'à ce qu'elles soient finement moulues. Mettre de côté. Hacher grossièrement les graines restantes et réserver.

b) Mélanger la citrouille, la carotte, le sucre, les canneberges ou les raisins secs, l'huile et les œufs dans un grand bol et remuer jusqu'à ce que le tout soit bien mélangé. Ajouter la farine, les graines de citrouille moulues, la poudre à pâte, la cannelle, le bicarbonate de soude et le sel. Mélanger jusqu'à homogénéité.

c) Verser la pâte dans le moule préparé et étaler uniformément. Saupoudrer des graines de citrouille hachées réservées. Cuire au four de 22 à 25 minutes, ou jusqu'à ce que le dessus rebondisse lorsqu'on appuie légèrement dessus. Refroidir complètement dans le moule sur une grille avant de couper en 12 barres.

80. Pâte à pizza aux œufs

Ingrédients-

- 3 oeufs
- 1/2 tasse de farine de noix de coco
- 1 tasse de lait de coco
- 1 gousse d'ail écrasée

les directions

a) Mélanger et faire une omelette.

b) Servir

81. Omelette aux légumes

Services 1

Ingrédients

- 2 gros oeufs
- Le sel
- gpoivre noir rond
- 1 cuillères à caféolivehuile oucuminhuile
- 1tasse d'épinards, tomates cerises et 1 cuillère de fromage au yogourt
- Flocons de piment rouge broyés et une pincée d'aneth

les directions

a) Battre 2 gros œufs dans un petit bol. Assaisonner de sel et de poivre noir moulu et réserver. Chauffer 1 cuillère à café d'huile d'olive dans une poêle moyenne à feu moyen.

b) Ajouter les bébés épinards, les tomates, le fromage et cuire, en remuant, jusqu'à ce qu'ils ramollissent (environ 1 minute).

c) Ajouter les œufs; cuire, en remuant de temps à autre, jusqu'à ce qu'il soit juste pris, environ 1 minute. Incorporer le fromage.

d) Saupoudrer de flocons de piment rouge broyés et d'aneth.

82. Muffins aux œufs

Ingrédients

Portion : 8 muffins

- 8 oeufs
- 1 tasse de poivron vert coupé en dés
- 1 tasse d'oignon coupé en dés
- 1 tasse d'épinards
- 1/4 cuillère à café de sel
- 1/8 cuillères à café de poivre noir moulu
- 2 cuillères à soupe d'eau

les directions

a) Chauffez le four à 350 degrés F. Huilez 8 moules à muffins.

b) Battre les œufs ensemble.

c) Incorporer le poivron, les épinards, l'oignon, le sel, le poivre noir et l'eau. Verser le mélange dans des moules à muffins.

d) Cuire au four jusqu'à ce que les muffins soient cuits au milieu.

83. Oeufs brouillés au saumon fumé

Ingrédients

- 1 cuillères à café noix de coco huile
- 4 œufs
- 1 cuillères à soupe d'eau
- 125 grammes. saumon fumé, tranché
- 1/2 avocat
- poivre noir moulu, au goût
- 4 ciboulette, hachée (ou utilisez 1 oignon vert, tranché finement)

les directions

a) Faire chauffer une poêle à feu moyen.

b) Ajouter l'huile de noix de coco dans la poêle lorsqu'elle est chaude.

c) Pendant ce temps, brouillez les œufs. Ajouter les œufs dans la poêle chaude, ainsi que le saumon fumé. En remuant continuellement, faites cuire les œufs jusqu'à ce qu'ils soient tendres et mousseux.

d) Retirer du feu. Garnir d'avocat, de poivre noir et de ciboulette pour servir.

84. Steak et Oeufs

Services 2

Ingrédients-

- 1/2 lb. steak de bœuf désossé ou filet de porc
- 1/4 cuillères à café de poivre noir moulu
- 1/4 cuillères à café de sel de mer (facultatif)
- 2 cuillères à cafénoix de cocohuile
- 1/4 oignon, coupé en dés
- 1 poivron rouge, coupé en dés
- 1 poignée d'épinards ou de roquette
- 2 oeufs

les directions

a) Assaisonner le steak tranché ou le filet de porc avec du sel de mer et du poivre noir. Faire chauffer une sauteuse à feu vif. Ajouter 1 cuillère à café d'huile de noix de coco, les oignons et la viande lorsque la poêle est chaude et faire sauter jusqu'à ce que le steak soit légèrement cuit.

b) Ajouter les épinards et le poivron rouge et cuire jusqu'à ce que le steak soit cuit à votre goût. Pendant ce temps, faites chauffer une petite poêle à frire à feu moyen. Ajouter l'huile de noix de coco restante et faire frire deux œufs.

c) Garnir chaque steak d'un œuf au plat pour servir.

85. Cuisson aux œufs

Ingrédients-

Pour 6 personnes

- 2 tasses de poivrons rouges hachés ou d'épinards
- 1 tasse de courgettes
- 2 cuillères à soupe noix de coco huile
- 1 tasse de champignons tranchés
- 1/2 tasse d'oignons verts tranchés
- 8 oeufs
- 1 tasse de lait de coco
- 1/2 tasse amande farine
- 2 cuillères à soupe de persil frais haché
- 1/2 cuillères à café de basilic séché
- 1/2 cuillère à café de sel
- 1/4 cuillères à café de poivre noir moulu

les directions

a) Préchauffer le four à 350 degrés F. Mettre l'huile de noix de coco dans une poêle. Faites-le chauffer à feu moyen. Ajouter les champignons, les oignons, les courgettes et le poivron rouge (ou les épinards) jusqu'à ce que les légumes soient tendres, environ 5 minutes. Égouttez les légumes et étalez-les sur le plat de cuisson.

b) Battre les œufs dans un bol avec le lait, la farine, le persil, le basilic, le sel et le poivre. Verser le mélange d'œufs dans un plat allant au four.

c) Cuire au four préchauffé jusqu'à ce que le centre soit pris (environ 35 à 40 minutes).

86. Frittata

6 portions

Ingrédients

- 2 cuillères à soupeolivehuile ouavocathuile
- 1Courgettes, tranchées
- 1 tasse d'épinards frais déchirés
- 2 cuillères à soupe d'oignons verts tranchés
- 1 cuillère à café d'ail écrasé, sel et poivre au goût
- 1/3 tasse de lait de coco
- 6 oeufs

les directions

a) Faire chauffer l'huile d'olive dans une poêle à feu moyen. Ajouter les courgettes et cuire jusqu'à ce qu'elles soient tendres. Incorporer les épinards, les oignons verts et l'ail. Assaisonnez avec du sel et du poivre. Poursuivre la cuisson jusqu'à ce que les épinards soient ramollis.

b) Dans un autre bol, battre ensemble les œufs et le lait de coco. Verser dans la poêle sur les légumes. Réduire le feu à doux, couvrir et cuire jusqu'à ce que les œufs soient fermes (5 à 7 minutes).

87. Naan / Pancakes / Crêpes

Ingrédients

- 1/2 tasse amande farine
- 1/2 tasse de farine de tapioca
- 1 tasse de lait de coco
- Le sel
- noix de coco huile

les directions

a) Mélangez tous les ingrédients ensemble.

b) Faire chauffer une poêle à feu moyen et verser la pâte jusqu'à l'épaisseur désirée. Une fois que la pâte a l'air ferme, retournez-la pour faire cuire l'autre face.

c) Si vous voulez que ce soit une crêpe dessert ou une crêpe, omettez le sel. Vous pouvez ajouter de l'ail haché ou du gingembre dans la pâte si vous le souhaitez, ou des épices.

88. Crêpes aux courgettes

Services 3

Ingrédients

- 2 courgettes moyennes
- 2 cuillères à soupe d'oignon haché
- 3des œufs battus
- 6 à 8 cuillères à soupeamandefarine
- 1 cuillère à café de sel
- 1/2 cuillères à café de poivre noir moulu
- noix de cocohuile

les directions

a) Chauffez le four à 300 degrés F.

b) Râper les courgettes dans un bol et incorporer l'oignon et les œufs. Incorporer 6 cuillères à soupe de farine, sel et poivre.

c) Faire chauffer une grande sauteuse à feu moyen et ajouter l'huile de noix de coco dans la poêle. Lorsque l'huile est chaude, baissez le feu à moyen-doux et versez la pâte dans la poêle. Cuire les crêpes environ 2 minutes de chaque côté, jusqu'à ce qu'elles soient dorées. Mettre les crêpes au four.

89. Quiche

Pour 2-3 personnes

Ingrédients

- 1 croûte de tarte salée précuite et refroidie
- 8 onces d'épinards biologiques, cuits et égouttés
- 6 onces de porc en cubes
- 2 échalotes moyennes, finement tranchées et sautées
- 4 gros œufs
- 1 tasse de lait de coco
- 3/4 cuillères à café de sel
- 1/4 cuillères à café de poivre noir fraîchement moulu

les directions

a) Faire dorer le porc dans l'huile de coco puis ajouter les épinards et les échalotes. Réserver une fois terminé.

b) Préchauffer le four à 350F. Dans un grand bol, mélanger les œufs, le lait, le sel et le poivre. Fouetter jusqu'à consistance mousseuse. Ajouter environ 3/4 du mélange de garniture égoutté, en réservant l'autre 1/4 pour "garnir" la quiche. Verser le mélange d'œufs dans la croûte et placer le reste de la garniture sur la quiche.

c) Placer la quiche au four au centre de la grille du milieu et cuire sans déranger pendant 45 à 50 minutes.

90. Boulettes de saucisses petit-déjeuner

Rendement : 12 portions

Ingrédient

- 2 cuillères à soupe de jus d'orange, concentré congelé
- 2 cuillères à soupe de sirop d'érable
- 4 segments Pain
- 1 Oeuf, légèrement mélangé
- $\frac{1}{2}$ livre de saucisses douces en vrac
- $\frac{1}{2}$ tasse de pacanes grillées en dés
- 2 cuillères à soupe de flocons de persil

les directions

a) Casser le pain dans le jus d'orange et le sirop d'érable. Ajouter l'oeuf et bien mélanger.

b) Mélanger les ingrédients restants. Façonner en petites boules de saucisses d'environ 1 pouce de diamètre ou en galettes. Frire lentement dans une plaque chauffante ou une plaque chauffante à feu modéré jusqu'à ce qu'ils soient dorés. Peut être servi en hors-d'œuvre ou en accompagnement de macaronis lors d'un souper en famille. Peut être préparé à l'avance et congelé après cuisson.

c) Réchauffer au gril chaud avant de servir.

91. Sandwichs à la saucisse pour le petit-déjeuner

Rendement : 1 portion

Ingrédient

- Beurre ramolli ou margarine
- 8 secteurs Pain
- 1 livre de saucisse de porc, cuite
- Émietté et égoutté
- 1 tasse (environ
- 4 onces) de fromage cheddar râpé
- 2 œufs, mélangés
- 1 tasse de lait
- $1\frac{1}{2}$ cuillère à café de moutarde

les directions

a) Étendre le beurre sur un côté de chaque segment de pain.

b) Placer 4 segments, côté beurré vers le bas, en une seule couche dans un plat de cuisson carré de 8 pouces légèrement graissé.

c) recouvrir chaque segment de pain de saucisse et des segments de pain restants, côté beurré vers le haut. Saupoudrer de fromage.

d) Mélanger les ingrédients restants ; interrogé sur les sandwichs. couvrir avec un couvercle et réfrigérer au moins 8 heures.

92. crème pâtissière au piment rôti

Rendement : 4 portions

Ingrédient

- 2 gros œufs
- 2 gros jaunes d'œufs
- ⅓ tasse de sucre brun
- 2 cuillères à soupe de sucre brun
- ¼ cuillère à café de sel
- 2 tasses de crème épaisse
- ¼ cuillère à café de vanille
- 2 cuillères à café de Chili de Arbol, en poudre grillé

les directions

a) Chauffer le gril à 300 degrés. Fouetter les œufs, les jaunes d'œufs, la cassonade c brune et le sel dans un plat non réactif jusqu'à ce qu'ils soient juste mélangés.

b) Ébouillanter la crème et la vanille dans une casserole à feu modéré; Retirer du feu; incorporer rapidement le mélange fractionné au mélange d'œufs en fouettant jusqu'à consistance lisse; remettre à la crème dans la casserole; ramener juste en dessous d'une couche de crème anglaise à mijoter le dos d'une cuillère; Sortir du feu.

c) verser la crème anglaise dans 4 ramequins de 4 onces; placer dans le plat de l'hôtel ; prévoir poêle en grill; remplir d'assez d'eau pour atteindre les ⅔ des parois des ramequins; cuire jusqu'à ce que ce soit pris (environ 35 minutes); réfrigérer 3 heures.

d) Servir; saupoudrer chaque crème pâtissière avec ¼ de cuillère à café de poudre de piment; supérieur avec du sucre brun tamisé; griller jusqu'à ce que le sucre soit fondu et non brûlé.

93. Sandwichs à la saucisse pour le petit-déjeuner

Rendement : 1 portion

Ingrédient

- Beurre ramolli ou margarine
- 8 secteurs Pain
- 1 livre de saucisse de porc, cuite
- 4 onces de fromage cheddar râpé
- 2 œufs, mélangés
- 1 tasse de lait
- $1\frac{1}{2}$ cuillère à café de moutarde

les directions

a) Étendre le beurre sur un côté de chaque segment de pain.

b) Placer 4 segments, côté beurré vers le bas, en une seule couche dans un plat de cuisson carré de 8 pouces légèrement graissé.

c) recouvrir chaque segment de pain de saucisse et des segments de pain restants, côté beurré vers le haut. Saupoudrer de fromage.

d) Mélanger les ingrédients restants ; interrogé sur les sandwichs. couvrir avec un couvercle et réfrigérer au moins 8 heures

e) Sortir du réfrigérateur; laisser reposer 30 minutes.

94. Crêpes allemandes

Rendement : 12 portions

Ingrédient

- poulet grillé aux poivrons rouges
- 3 gros oeufs
- ⅓ tasse de farine tout usage
- ⅓ tasse de lait
- ¼ cuillère à café de sel
- 1 cuillère à soupe de shortening végétal; fondu

les directions

a) Poulet aux poivrons rouges déjà grillé ; réfrigérer jusqu'au moment de servir.

b) Chauffer le gril à 450F. Dans un plat de taille moyenne, avec un batteur électrique à haute vitesse, mélanger les œufs jusqu'à consistance épaisse et mousseuse. Réduire la vitesse du mélangeur à faible et incorporer graduellement la farine, le lait et le sel.

c) Placez 2 moules contenant chacun six moules en forme de cœur de $2\frac{1}{2}$ pouces ou un moule à muffins avec douze tasses de $2\frac{1}{2}$ pouces dans le gril pendant 5 minutes pour chauffer. Sortez les casseroles du gril ; badigeonner les gobelets de shortening fondu. Répartir la pâte dans les tasses et cuire 10 à 12 minutes ou jusqu'à ce qu'elle soit gonflée et légèrement dorée.

d) Sortez les crêpes des tasses sur la grille. Laisser refroidir 5 à 10 minutes ou jusqu'à ce que les milieux tombent, en laissant une légère indentation. Déposer le poulet aux poivrons rouges grillés au centre des crêpes et les déposer sur une assiette de service. Sers immédiatement. Si vous le souhaitez, les crêpes peuvent être complètement refroidies avant d'être garnies et servies froides.

e) À partir de $\frac{1}{2}$ tasse de poivron grillé coupé en dés, réserver 2 cuillères à soupe. Placer le poivron rouge restant dans un robot culinaire équipé d'une lame de coupe en dés. Ajouter 3 cuillères à soupe de mayonnaise, 1 cuillère à soupe de vinaigre balsamique, $\frac{1}{4}$ cuillère à café de poivre noir moulu et $\frac{1}{8}$ cuillère à café de sel; mélanger jusqu'à ce que le mélange soit réduit en purée. Passer à un plat de taille moyenne et incorporer 1 tasse de poulet cuit en dés, 1 oignon vert finement coupé en dés et réserver 2 cuillères à soupe de poivron rouge grillé en dés.

f) Bien mélanger. Couvrir avec un couvercle et réfrigérer jusqu'au moment de servir.

BOISSONS AUX ŒUFS FRAIS

96. Coquito

Rendement : 1 portions

Ingrédient

- Rhum portoricain léger 13/16 pintes
- Pelez 2 citrons verts; (râpé)
- 6 jaunes d'œufs
- 1 boîte de lait concentré sucré
- 2 boîtes (grandes) de lait évaporé
- 2 boîtes de crème de noix de coco ; (comme Coco Lopez)
- 6 onces de gin

les directions

a) Mixez la moitié du rhum avec le zeste de citron vert dans un blender à grande vitesse pendant 2 minutes. Filtrer et mettre dans un grand bol. Ajouter le reste du rhum.

b) Au mélangeur, mélanger les jaunes d'œufs, les laits et le gin jusqu'à ce que le tout soit bien mélangé.

c) Verser les $\frac{3}{4}$ de ce mélange dans un bol avec le rhum. Mélangez le reste avec la crème de coco et mélangez bien. ajouter au mélange de rhum, bien mélanger et réfrigérer.

97. Amaretto Sour Classique

Rendement : 1 verre

Ingrédients

- 1 once (3 cuillères à soupe) d'amaretto
- ½ once (1 cuillère à soupe) de whisky bourbon
- 1 once (2 cuillères à soupe) de jus de citron
- 1 cuillère à café de sirop simple ou de sirop d'érable
- 1 blanc d'oeuf
- 2 traits de bitter Angostura
- Pour la garniture : Cerise cocktail ou cerise Luxardo, tranche de citron

les directions

a) Ajouter l'amaretto, le bourbon, le jus de citron, le sirop, le blanc d'œuf et l'amer dans un shaker sans glace. Agiter pendant 15 secondes.

b) Ajouter la glace dans le shaker à cocktail. Agiter à nouveau pendant 30 secondes.

c) Filtrez la boisson dans un verre; la mousse s'accumulera au sommet. Garnir d'une cerise cerise.

98. Cocktail Whisky Sour

PORTION 1 portion

Ingrédients

- 2 onces de whisky
- 3/4 once de jus de citron fraîchement pressé
- 1/2 once de sirop simple
- 1 gros blanc d'oeuf
- La glace
- 2 à 3 gouttes d'Angostura bitter, facultatif

les directions

a) Mélanger les ingrédients et secouer sans glace :

b) Ajoutez le whisky, le jus de citron et le sirop simple dans un shaker, puis ajoutez le blanc d'œuf.

c) Agiter, sans glace, pendant 60 secondes.

d) Ajouter de la glace, secouer à nouveau, puis filtrer :

e) Ajouter de la glace dans le shaker et agiter à nouveau pendant 30 secondes. Filtrer dans un verre à cocktail et déposer les amers sur le dessus. Servir!

99. Liqueur d'Oeuf Allemande

Portions : 2

Ingrédients

- 4 jaunes d'œufs
- 1 tasse de sucre en poudre
- 1/2 cuillère à café d'extrait de vanille
- 1/2 tasse de crème fouettée
- 1/3 tasse de rhum

les directions

a) Séparez les œufs et ajoutez les jaunes dans un bol à mélanger de taille moyenne. Ajoutez le sucre en poudre ainsi que l'extrait de vanille et mélangez à l'aide de votre batteur électrique ou d'un fouet jusqu'à l'obtention d'une consistance crémeuse.

b) Incorporer la crème fouettée et continuer à fouetter.

c) Versez maintenant lentement dans le rhum et continuez à fouetter vigoureusement.

d) Une fois mousseux, placez le bol dans un bain d'eau chaude sur la cuisinière et continuez à fouetter pendant quelques minutes jusqu'à ce que le mélange soit épais et crémeux. Assurez-vous que l'eau dans la casserole est chaude mais pas bouillante car vous ne voulez pas que la liqueur d'œuf commence à bouillonner et perde son alcool. Vous voulez chauffer la liqueur aux œufs à environ 160 degrés Fahrenheit.

e) Versez la liqueur aux œufs dans des verres à siroter tout de suite ou dans des bouteilles aseptisées à conserver pour plus tard. Si vous utilisez du matériel propre et des œufs frais, la liqueur aux œufs doit se conserver au réfrigérateur pendant environ 4 mois.

100. Café aux œufs vietnamien

Portions : 2 tasses

Ingrédients

- 12 onces. Expresso
- 1 jaune d'oeuf
- 4 cuillères à soupe de lait concentré sucré

les directions

a) Préparez 2 tasses d'espresso

b) Fouetter le jaune d'œuf et le lait concentré sucré jusqu'à l'obtention de pics légèrement mousseux ou mous.

c) Ajouter le mélange d'œufs sur le dessus de l'espresso.

101. Zabaglione

Portions : 4

Ingrédients

- 4 jaunes d'œufs
- 1/4 tasse de sucre
- 1/2 tasse de Marsala Dry ou autre vin blanc sec
- quelques brins de menthe fraîche

les directions:

a) Dans une bassine résistante à la chaleur, fouetter ensemble les jaunes et le sucre jusqu'à ce qu'ils soient jaune pâle et brillants. Le Marsala devrait ensuite être incorporé.

b) Porter une casserole moyenne à moitié remplie d'eau à faible ébullition. Commencez à battre le mélange œuf/vin dans le bol résistant à la chaleur au-dessus de la casserole.

c) Continuez à battre pendant 10 minutes avec des batteurs électriques (ou un fouet) au-dessus de l'eau chaude.

d) Utilisez un thermomètre à lecture instantanée pour vous assurer que le mélange atteigne 160 °F pendant la période de cuisson.

e) Retirer du feu et verser le sabayon sur vos fruits préparés, garnir de feuilles de menthe fraîche.

f) Le sabayon est tout aussi délicieux servi sur de la glace ou seul.

CONCLUSION

Vous pensez tout savoir sur les œufs et comment cuisiner et cuisiner avec ? Détrompez-vous ! Le livre de recettes quotidiennes Fresh Eggs vous a montré de nouvelles façons passionnantes d'incorporer des œufs frais dans votre répertoire de cuisine et de pâtisserie, chaque jour. Du petit-déjeuner traditionnel aux soupes, salades et plats principaux, en passant par des plats copieux pour le dîner ainsi que des friandises.